Werner Mönch-la Dous

Gesunde Stimme, kraftvolle Sprache

Werner Mönch-la Dous

Gesunde Stimme, kraftvolle Sprache

Praxisbuch mit Audio-Beispielen zum Download

lehmanns media

Impressum

Die **Deutsche Nationalbibliothek** verzeichnet diese Publikation in der Deutschen Nationalbibliografie; detaillierte bibliografische Angaben sind im Internet unter `http://www.dnb.de` abrufbar.

5., korrigierte Auflage 2023

Helmholtzstr. 2-9
10587 Berlin

Herausgegeben und bearbeitet von Mechthild R. von Scheurl-Defersdorf, Erlangen
Satz & Layout: Marit Budschigk und Martina E. Kellner, Erlangen
Umschlag: Marit Budschigk
Druck und Bindung: Totem • Inowrocław • Polen
ISBN 978-3-96543-388-5 www.lehmanns.de

Vorwort

Als ich in den 1960er Jahren damit begann, Sprechunterricht zu erteilen, fehlte es an geeignetem Lehrmaterial. So entwickelte ich ein eigenes Trainingsprogramm und schrieb für meine Schüler ein Skript, in dem ich das Erforderliche möglichst kurz und verständlich dargestellt habe.

Wohl gibt es eine Reihe von Werken, die in sehr ausführlicher Form die einzelnen Gebiete der Stimmphysiologie behandeln; aber die sind für den, der eben nur richtig sprechen will, viel zu weitläufig und fachgelehrt. Andererseits haben sprechtechnische Übungsbücher ohne genaue Hinweise auf die physiologischen Gegebenheiten bei aller Vorzüglichkeit ihres Übungsmaterials den Nachteil, dass der Schüler oft nur seine Fehler übt und damit stabilisiert.

Mir ist es ein Anliegen, die mechanischen Abläufe bei Atmung, Phonation und Artikulation möglichst einfach und auch für den Laien verständlich zu beschreiben und bei den einzelnen Vokalen, Konsonanten oder Lautverbindungen die häufigsten Fehler aufzuzeigen und zu sagen, wie sie zu beheben sind.

Um bei der Darstellung der einzelnen Laute, Wörter und Übungen eine möglichst große Genauigkeit zu erzielen, habe ich mich der Lautschrift (International Phonetic Alphabet, IPA) bedient.

Eine Herausforderung der besonderen Art stellen immer die Übungstexte dar. Einerseits wünscht jeder sich Sätze, in denen der zu übende Laut so oft als möglich in den verschiedenen Kombinationen erscheint. Andererseits sind die bisher benützten Texte inhaltlich zum Teil so unmöglich, dass sie - zumindest bei jungen Menschen - nur noch Heiterkeit erzeugen. Ich habe probiert, eine gute Lösung zu finden, indem ich für die Übungstexte Sprichwörter und Zitate aus der klassischen Literatur ausgewählt habe. Diese stammen zum Großteil aus meiner eigenen Arbeitspraxis und erheben keinen Anspruch auf korrekte Wiedergabe.

Mein Trainingsprogramm wendet sich auch an diejenigen, die Deutsch als Fremdsprache erlernen und dabei ein gehobenes Sprachniveau anstreben. Sie können damit lernen, Deutsch akzentfrei zu sprechen.

Inzwischen schien es mir durchaus an der Zeit, dieses Skript zu einem - auch modernen Ansprüchen gerechten - Praxisbuch zusammen zu fassen, das kurz, präzise und unterhaltsam das enthält, was derjenige braucht, der eben 'nur richtig sprechen' will, so dass seine Stimme gesund bleibt und seine Sprache kraftvoll das zum Ausdruck bringt, was er zu sagen hat.

Ich habe mein Trainingsprogram für den Unterricht und auch für das Selbststudium konzipiert. Die dem Praxisbuch beigefügte Audio-CD enthält Übungsbeispiele zu den einzelnen Kapiteln. Sie ist eine Ergänzung zu dem Praxisbuch und macht das geschriebene Wort hörbar.

Möge diesem Buch und Ihnen ein guter Erfolg beschieden sein!

Mein Dank gebührt meiner verehrten Lehrerin, Frau Friedel Reinhardt, in deren langjähriger Tradition ich stehe.

Coburg, 24. Mai 2005
Werner Mönch-la Dous

Geleitwort

Vor dem Jahreswechsel 2004/2005 lernten wir in einem gepflegten historischen Haus in Coburg einen älteren Herrn mit einer ungewöhnlichen Ausstrahlung, einer jugendlich kraftvollen Stimme und einer aufrechten Haltung kennen. Er erzählte uns seine Geschichte.

Werner Mönch-la Dous studierte Musik, als er in den zweiten Weltkrieg eingezogen wurde. Nach traumatischen Kriegserlebnissen, Verwundungen und dem Verlust seiner Heimat wurde er Schauspieler. Er hat Jahrzehnte hindurch zahlreiche Heldenrollen gespielt, die in hohem Maße die Stimme beanspruchen. Aufgrund seiner beiden Ausbildungen als Musiker und Schauspieler hat er die Aufgabe übernommen, den Sängern und Sängerinnen an der Musikhochschule in Aachen beizubringen, auch beim Singen verständlich zu artikulieren. In vielen Jahren hat Mönch-la Dous das Lehrmaterial hierfür selbst erstellt und in einem Manuskript zusammengefasst. Es war sein Anliegen, diese Erfahrungen aus vierzig Jahren Lehrtätigkeit in einem Praxisbuch publiziert zu sehen, damit es allen Interessierten aus verschiedenen Tätigkeitsbereichen wie Schauspielern, Sängern, Lehrern, Logopäden, Politikern und Managern hilfreich sei und sie zum Erfolg führen möge.

Auch wir befassen uns mit Sprache. Wir setzen mit unserem *Lingva Eterna Sprach- und Kommunikationskonzept* an der individuellen Sprache eines Menschen an und betrachten deren Wirkung auf die Kommunikation und auf die Entwicklung der Persönlichkeit. Wir lenken dabei den Blick auf den Wortschatz, den Satzbau und auf die Artikulation der einzelnen Laute.

Die Sprache vieler Menschen ist unbewusst. Sie wissen nicht, dass sie beispielsweise oftmals „aber“ und „eigentlich“ sagen oder dass ihre Sätze unvollständig sind. Sie haben auch kein Empfinden für die Wirkung der unterschiedlichen Lautqualitäten. Folglich können sie diese nicht gezielt beim Sprechen einsetzen. Die Wirkung eines jeden Wortes steigt mit der Klarheit und mit der Bewusstheit des Sprechers.

Dieses Praxishandbuch ist eine hervorragende Ergänzung für unsere Arbeit. Es eröffnet den Blick auf den Reichtum der Laute in unserer deutschen Sprache und weckt die Liebe zu ihr. Außerdem ermöglicht es Fachleuten und auch Laien, die Stimme und die Artikulation nachhaltig zu entwickeln und zu pflegen.

Damit geht die Pflege der deutschen Hochsprache einher, und diese steht in direktem Zusammenhang mit der Kultur und der Bildung in unserem Land. Die häufig beklagten Bildungsdefizite beruhen unter anderem auf der Vernachlässigung der korrekten Aussprache. Wir würdigen auch den Reichtum der Dialekte. Sie sind urwüchsig und haben eine ganz eigene Kraft. Sie stärken und erhalten die individuelle Kultur einer Region. Der Dialekt hat seinen Platz neben der Hochsprache.

Seit Luther haben die Bestrebungen, eine einheitliche deutsche Sprache zu bilden, wesentlich zur Entwicklung unserer staatlichen und kulturellen Identität beigetragen und zahlreiche Werke der Weltliteratur geschaffen. Unsere großen Dichter und Denker haben den deutschen Wortschatz allein in der Zeit zwischen 1780 und 1830 verdoppelt. Die deutsche Sprache gilt aus gutem Grund als die Orgel der Sprachen. Es liegt an jedem einzelnen, diesen Sprach-Schatz lebendig zu erhalten.

Mit dieser Zielsetzung hat Werner Mönch-la Dous die Textbeispiele ausgewählt. Die Texte und Sprechproben entstammen der klassischen Literatur, wie wir es nur von einem versierten Schauspieler und Fachmann der deutschen Sprechkunst erwarten können. In ihnen leuchten die Schönheit und die Kraft unserer deutschen Sprache.

Die Audio-CD mit der Stimme von Werner Mönch-la Dous regt zum eigenen Üben und zum Anwenden im Alltag an.

Dieses Buch ist für alle, die Freude an der Sprache haben und die mit ihrer gesprochenen Sprache im beruflichen und im privaten Bereich etwas bewirken wollen. Es ist uns eine große Freude dazu beizutragen, dass der Autor dieses Lebenswerk in viele Hände, Köpfe und auch Kehlköpfe gewinnbringend weiterreicht.

Werner Mönch-la Dous ist nach einem langen und erfüllten Leben im April 2011 in Coburg gestorben. Wir erinnern uns dankbar an ihn und freuen uns, dass wir dieses wertvolle und anregende Buch in Absprache mit seiner Familie in einer Neuauflage herausbringen dürfen.

Wir wünschen diesem Buch und allen seinen Lesern weiterhin viel Erfolg!

Erlangen, im August 2013
Mechthild R. von Scheurl-Defersdorf und Dr. Theodor R. von Stockert

Inhaltsverzeichnis

Vorwort I

Geleitwort III

Audiobeispiele zum Download, gesprochen von Werner Mönch-la Dous VII

Einführung **1**

Was ist und wofür dient Sprecherziehung? 1

Stimmphysiologie **6**

Lockerheit – Spannung – Krampf 6

Die Atmung 11

Der Kehlkopf 20

Das Ansatzrohr 30

Die Stimmführung 34

Lautphysiologie **44**

Die Lautschrift 44

Die Vokale 50

Die O-Laute 52

Die Ö-Laute 56

Die U-Laute 59

Die Ü-Laute 63

Die E-Laute 67

Die I-Laute 73

Die A-Laute 77

Die Diphthonge 82

Die Konsonanten 88
Die Nasallaute M – N – NG 94
Die Liquiden L – R 105
Der Hauchlaut H 113
Die Reibelaute W – F 116
Die Reibelaute S – SS 123
Die Reibelaute SCH 130
Die Reibelaute J – CH 134
Die Verschlusslaute B – P 139
Die Verschlusslaute D – T 146
Die Verschlusslaute G – K 150

Nachwort 157
Nachwort des Verlags 158

Audiobeispiele zum Download, gesprochen von Werner Mönch-la Dous

Liste der Audiobeispiele, gesprochen von Werner Mönch-la Dous

Nr.	Kapitel	Seite
1	Was ist und wofür dient Sprecherziehung?	1
2	Die Stimmführung	34
3	Die O-Laute	52
4	Die Ö-Laute	56
5	Die U-Laute	59
6	Die Ü-Laute	63
7	Die E-Laute	67
8	Die I-Laute	73
9	Die A-Laute	77
10	Die Diphthonge	82
11	Die Konsonanten	88
12	Die Nasallaute M – N – NG	94

Liste der Audiobeispiele, gesprochen von Werner Mönch-la Dous

Nr.	Kapitel	Seite
13	Die Liquiden L – R	105
14	Der Hauchlaut H	113
15	Die Reibelaute W – F	116
16	Die Reibelaute S – SS	123
17	Die Reibelaute SCH	130
18	Die Reibelaute J – CH	134
19	Die Verschlusslaute B – P	139
20	Die Verschlusslaute D – T	146
21	Die Verschlusslaute G – K	150
22	Ziel des Buches	
23	Ringparabel aus Nathan der Weise von Gotthold Ephraim Lessing	

Was ist und wofür dient Sprecherziehung? CD Nr. 1

Bei der Frage, zu welchem Zweck wohl Sprecherziehung zu betreiben ist, höre ich öfter die merkwürdigsten Vorstellungen und Vorurteile. In der Regel erhalte ich die Antwort: "Wieso? – Ich kann doch sprechen!" Nun, wo die Grenzen dieses "Sprechen-Könnens" liegen, erweist sich schnell, wenn der Betreffende in die Situation kommt, vor einer größeren Gruppe von Menschen sprechen zu sollen. Da reicht plötzlich die Stimme nicht aus, da fehlt es an Atem, da bereitet die Artikulation Schwierigkeiten, und nach einigen Minuten hat er Halsschmerzen. Ja, und zu allem Unglück hat kein Mensch mehr hingehört, weil es viel zu mühsam war. Hier bestand also offenbar eine Verwechslung von Sprechen-Können und Sich-Verständigen-Können.

Genügt es denn, sich verständigen zu können? Vielfach nicht. Es gibt zu viele Berufe, bei denen das Sprechen vor einem Auditorium unumgänglich ist. Da sind die jungen Lehrer, die, sprachlich und stimmlich z.T. unzureichend ausgebildet, plötzlich stundenlang vor ihrer Klasse sprechen müssen, und das mit erhöhter Stimme, da eine Klasse ja selten ganz ruhig ist. Die Sanatorien für Stimmerkrankungen sind bis unters Dach voll von ihnen. Und tragischerweise sind es oft die begabtesten Lehrer, deren Karriere durch Stimmbandknötchen endet. Dann sind da die Politiker, Priester, die Rechtsanwälte, Wissenschaftler, Offiziere, Schauspieler und Sänger, für die es Berufsaufgabe ist, vor anderen Menschen zu sprechen. Und darüber hinaus darf sich jeder Mensch darauf einstellen, einmal bei einer Feier, in einer Schulpflegschaft, vor seinen Berufskollegen oder auch in seinem Verein eine Rede zu halten.

In allen diesen Fällen reicht die übliche Umgangssprache nicht mehr aus, und zwar weder in Hinblick auf die Aussprache - nur ein einigermaßen korrekt gesprochenes Hochdeutsch wird allgemein verstanden - noch in Hinblick auf die Technik des Sprechens: Argumente greifen nicht, wenn dem Redner schon nach wenigen Sätzen die Stimme versagt. Und Mikrophone haben die tückische Eigenart, die vorhandenen Fehler zu vergrößern. Hier hilft nur sprechen können, wirklich bewusst sprechen können, und 'bewusst' kommt nun einmal von 'wissen'.

Auch wenn wir einmal von dem Sprechen vor einem Auditorium absehen, so gibt es auch im Alltag bei der Umgangssprache erhebliche Unterschiede. Es hat schon seine Richtigkeit, wenn es heißt: "Die Sprache ist die Visitenkarte eines Menschen". Von Goethe stammt der Satz: "Sprich, damit ich dich sehe!" Eine klare, differenzierte und kraftvolle Sprache formt die Persönlichkeit eines Menschen und setzt in ihm Kräfte frei. Das Wort 'Person' kommt vom lateinischen 'personare' und heißt 'hindurchtönen'. Es tönt aus einem Menschen heraus, was in ihm ist. Er drückt sich selbst aus, wenn er sich ausdrückt. Eine gepflegte Sprache ist daher im öffentlichen und beruflichen Leben von grundlegender Bedeutung. Sie setzt Kräfte frei und öffnet Türen.

Im ausgehenden Mittelalter begann sich aus den unzähligen Dialekten des deutschen Sprachraums eine deutsche Hochsprache herauszukristallisieren. Die Bibelübersetzung Luthers war ein Meilenstein in dieser Entwicklung. In Norddeutschland sagen heute noch alte Menschen von einem, der hochdeutsch spricht: "He snakt lüttrisch", was soviel bedeutet wie "er spricht lutherisch". Aus diesem Rohstoff Sprache formten später Dichter wie Herder, Wieland, Lessing, Goethe, Schiller und wie sie alle hießen jenes Kunstwerk Deutsche Sprache, wie es uns heute als Geschenk und Aufgabe überantwortet ist. So ist die Deutsche Sprache nicht nur ein Verständigungsmittel, sie ist auch ein Schatz, ein Kunstwerk. Und diesen Schatz zu erhalten und bewahren ist die Aufgabe eines jeden, der darum weiß.

Gesprochene Sprache ist etwas Lebendiges. Sie wandelt sich und entwickelt sich weiter. Da werden neue Begriffe und Worte aufgenommen, und andere verschwinden allmählich aus ihr. Auch die Aussprache einzelner Worte ändert sich und schleift sich ab. Und genau hier gilt es kritisch hinzuschauen und hinzuhören und zu unterscheiden zwischen unumgänglichen Abschleifungen und groben Sprachschludereien. Auch ein guter Sprecher wird in einem Wort wie 'jeder' oder 'der' das auslautende 'R' nicht mehr als ʀ (siehe Kapitel 'Die Lautschrift') sprechen, sondern in einen ɐ-Laut abwandeln. Das ist die allgemeine Entwicklung unserer Hochsprache. Aber wenn aus dem Wort 'geben' ein 'gebn' oder gar 'gem' wird, dann ist dies ein Aussprachefehler.

So hat sich die Sprache weiterentwickelt, und die Schreibweise ist geblieben. Es ist ein Irrglaube, dass die heutige deutsche Sprache in ihrer Aussprache der deutschen Schreibweise folgt. Dies mag zu früheren Zeiten einmal so gewesen sein. Die Redewendung 'nach der Schrift sprechen' fördert dieses Trugbild. So führt diese Sichtweise Deutsche und auch Ausländer, die das Deutsch als Fremdsprache erlernen, in Hinblick auf die korrekte Aussprache des Hochdeutschen vielfach in die Irre.

Dialekte haben ebenso ihren Platz wie die Hochsprache. Die alten landschaftlich gebundenen Mundarten haben, wo sie rein gesprochen werden, durch ihre Kraft und Urwüchsigkeit etwas außerordentlich Faszinierendes. Und gerade sie sind ja die Quelle unserer Hochsprache. Es ist bedauerlich, dass diese Quellen mehr und mehr versiegen. Ich meine hier nicht nur die Dialekte, die in meiner Heimat, den ehemaligen Ostgebieten Schlesien, Pommern und Ostpreußen gesprochen wurden und die in wenigen Jahren unwiderruflich verloren sein werden. Auch den anderen Mundarten droht die Auflösung, da die Menschen in ihren Landschaften nicht mehr abgeschlossen leben. Durch Rundfunk und Fernsehen ist die Hochsprache auch im abgelegensten Bauernhof in die gute Stube eingezogen. Dies ist, wie gesagt, eine bedauerliche Entwicklung, und sie ist umso bedauerlicher, als sich die Auflösung der Dialekte nicht in Richtung auf die Hochsprache hin vollzieht, sondern im Gegenteil zur Verschluderung hin. Damit verlieren Menschen Identität und Klarheit. So ist die bewusste Pflege der Dialekte ebenso wünschenswert wie die bewusste Pflege der Hochsprache. Dies bedeutet, dass Kinder zweisprachig groß werden. Der Dialekt hat seinen Platz in der dörflichen Gemeinschaft und auf der Straße. In die Schule gehört das Hochdeutsch, für Lehrer und für Kinder. Die Schule ist der optimale Ansatzpunkt, denn junge Menschen können Neues leicht erlernen und in ihr Leben integrieren. Und die Schüler werden wesentlich mehr Freude am Lernen und am Unterricht haben. Sprache formt eben Persönlichkeit und öffnet gleichzeitig das Tor zu Schätzen der Weltliteratur. Lesen wird damit noch interessanter. Eine Entwicklung in dieser Richtung wirkt dem allgemeinen Bildungsverfall wesentlich entgegen und bedarf einer bewussten Weichenstellung seitens der Schulpolitik.

Damit Lehrer diese Aufgabe leisten können, mögen sie die ersten sein, die in den Genuss einer professionellen Sprecherziehung kommen dürfen. Da lernen sie Sprechtechnik und damit eine saubere, kräfteschonende Artikulation. So hat Sprecherziehung neben dem Bildungsanspruch gerade für den Schulbereich einen wesentlichen gesundheitlichen Aspekt: Die Lehrer bleiben länger leistungsfähig und gesund.

Bis dereinst genügend ausgebildete Lehrer zur Verfügung stehen werden, um den sprachlichen Verfall an der Wurzel, das heißt in der Grundschule, wirksam anzugehen, gilt es erst einmal, Sprecherziehung für Erwachsene anzubieten. Dies ist ein weites Aufgabenfeld für Hoch- und Fachhochschulen sowie für Volkshochschulen und auch für logopädische Praxen, die hier im prophylaktischen Bereich Menschen begleiten können, solange sie noch gesund sind. Und natürlich gibt es zahlreiche weitere Fachgebiete, die in diesem Bereich engagiert sind wie beispielsweise den ganzen Bereich um die Sprachanwendung in Rhetorik und Kommunikationstraining.

Fassen wir also das hier Gesagte zusammen, so ergibt sich daraus, dass es nicht genügt, so zu sprechen, wie einem der Schnabel gewachsen ist, oder wie man es von Haus aus gewohnt ist. Berufliche Anforderungen sowie Aspekte der Bildung setzen eine planmäßige Ausbildung des Sprechens und der Sprache voraus. Richtiges Sprechen ist ebenso erlernbar wie richtiges Schreiben.

Dabei ist das ernsthafte und konsequente Üben von primärer Bedeutung. Die aktive Mitarbeit und das tägliche Üben des Lernenden sind bei der Sprecherziehung noch bedeutsamer als beim Erlernen eines Musikinstrumentes. Kein Mensch wird ernsthaft der Meinung sein, er könne beispielsweise das Geigenspiel erlernen, wenn er nicht übt. Dabei hat der Geigenschüler dem Sprechschüler gegenüber den Vorteil, dass er, wenn er schon die ganze Woche über nichts an seinem Instrument getan hat, er wenigstens auch nichts Falsches daran getan hat, während der Sprechschüler seine Fehler die ganze Zeit über tüchtig praktizierte. Darum befindet sich der Sprecherzieher an einem so erschreckend kurzen Hebelende. Auf eine Stunde Sprecherziehung kommen etwa 100 Stunden Reden in der Woche. Der Übende wird nur dann den gewünschten Erfolg haben, wenn er täglich auf seine Aussprache achtet und das Gelernte anwendet.

Ich will auf einen Fehler hinweisen, den Sprecherzieher oft machen: Sie wecken allzu leicht bei ihrem Schüler falsche und übertriebene Hoffnungen auf schnelle Erfolge. Letzten Endes kann der Lehrende doch nur Anleitungen geben, erklären und durch Korrekturen helfen. Der Grad des Erfolges hängt in erster Linie von der Energie und Eigenarbeit des Sprechschülers ab.

Nun steht dieser Eigenarbeit meist ein starkes Hemmnis psychologischer Natur im Wege. Ich unterrichtete viele Jahre lang im Rheinland, wo die Bildung des palatalen Reibelautes 'CH' ç große Schwierigkeiten bereitet und es statt 'ich' 'isch' heißt. Wenn ich meine Schüler darauf hinwies, dass sie diesen Reibelaut nur erlernen können, wenn sie auch bei ihrer täglichen Umgangssprache auf die richtige Bildung achten, dann bekam ich immer wieder zur Antwort: "Da lachen misch ja alle aus!" Wenn es hier nicht möglich ist, den Schüler dazu zu bewegen, über seinen Schatten zu springen, dann wird der Erfolg lange auf sich warten lassen oder gar ausbleiben.

Ich las einmal den törichten Satz: "Wer Kosmetik des Sprechens treibt, sollte sich nicht wundern, wenn er frisierte Schnauzen erzieht". Jedes übertrieben geziert schöne Sprechen ist eine Unart, die mit dem Begriff 'frisierte Schnauze' treffend charakterisiert ist. Das übertrieben geziert schöne Sprechen ist von gutem und richtigem Sprechen eben so weit entfernt wie die größte Sprachschluderei.

Wir fragen uns, wie es der Sprecherziehung bei ihren allein schon zeitlich begrenzten Möglichkeiten gelingen kann, störende Einflusssphären, denen der einzelne oftmals in seiner alltäglichen Umgebung ausgesetzt ist, wohltuend auszugleichen. Der Sprecherzieher kann es als großen Erfolg seiner Arbeit betrachten, wenn er seine Schüler so weit interessieren kann, dass sie die gewonnenen Fähigkeiten und Einsichten selbständig weiter entwickeln. Ein noch höheres Ziel sollte er sich nicht setzen.

Lockerheit - Spannung - Krampf

Gutes Sprechen fordert den ganzen Menschen ein. An der Sprache ist neben der Seele und dem Geist der ganze Körper beteiligt und nicht nur, wie es oft angenommen wird, die sogenannten Sprechwerkzeuge. Bevor es möglich ist, mit den eigentlichen Atemübungen zu beginnen, ist es wesentlich, die Verkrampfungen des Körpers zu lösen. Mit verkrampftem Oberkörper kann niemand richtig atmen, richtig sprechen oder richtig singen.

Darum widme ich den Fragen um Lockerheit, Spannung und Krampf ein eigenes Kapitel. Ich kläre erst einmal die Begriffe. Lockerheit hat nichts, aber auch gar nichts mit Schlaffheit, Trägheit oder Latschigkeit zu tun. Ein Mensch, der mit krummem Rücken, hochgezogenen Schultern und schlapp herunterhängenden Armen durch die Gegend schleicht, ist meist weit davon entfernt, locker im Sinne von gelöst zu sein. Lockerheit ist die Fähigkeit und Bereitschaft zur sofortigen Entspannung des Körpers. Diese Fähigkeit kann sich nur aus der Spannung ergeben. Ist die Spannung unkontrolliert und dadurch nicht jederzeit lösbar, so handelt es sich dabei um Krampf. Ich habe immer wieder beobachtet, dass Menschen, die sich durchaus als Sportler empfanden, nicht in der Lage waren, Arme, Nacken und Oberkörper zu entspannen.

Nun bin ich der Meinung, dass dies keine rein körperliche Frage ist, sondern dass an diesem Krampf auch Geist und Seele beteiligt sind, ja dass hier seine eigentlichen Wurzeln liegen. Kein Mensch kommt verkrampft auf diese Welt, und ein paar Jährchen kann jeder diesen paradiesischen Zustand der Gelöstheit noch erhalten; aber dann setzt die Erziehung ein. Das heißt doch meistens: Es werden Tabus aufgebaut, Vorurteile werden gepflanzt und gepflegt; die Kinder beginnen Eltern und Lehrer nachzuahmen und sind oft bis zu ihrem vierzehnten Lebensjahr hoffnungslos verkrampft. Es ist schwer, wenn nicht gar unmöglich, diese inneren Verkrampfungen zu lösen, und es bedarf großer Geduld - und des Vorbildes des Sprecherziehers. Denn so, wie sich die Verkrampfungen des Lehrers auf seine Schüler übertragen, so kann er auch lösend, - ja vielleicht erlösend auf sie einwirken.

Um nun wenigstens die körperlichen Verkrampfungen zu beseitigen, seien hier einige Übungen angeregt, die sich in der Praxis als nützlich erwiesen haben:

1. Übung:

An den Beginn stelle ich eine Übung aus dem Bereich des autogenen Trainings*: Setzen Sie sich auf einen Stuhl und legen Sie die Hände auf die Oberschenkel. Lassen Sie den Kopf auf die Brust sinken und schließen Sie die Augen. Stellen Sie sich vor, Sie seien sehr müde. Fühlen Sie, wie schwer Ihr Körper auf dem Stuhl lastet. Nun fallen die Hände von den Oberschenkeln herunter, die Arme hängen rechts und links herab, erst der eine, dann der andere. Fühlen Sie, wie schwer die Arme sind und wie sie an den Schultern hängen.

Sie können diese Übung auch als Paar-Übung durchführen: Ergreifen Sie bei Ihrem Partner den einen oder anderen Arm, heben ihn an und lassen ihn wieder fallen. Dabei ist schon zu ersehen, ob und wie weit Ihr Partner wirklich locker und entspannt ist. Anfänglich wird es oft geschehen, dass er, sobald Sie den Arm ergreifen, ihn von sich aus hebt. Lassen Sie den Arm dann los, dann bleibt er noch einen Augenblick in der Luft stehen und wird dann schnell nach unten geführt. Beweis: Der Arm ist nicht entspannt. Wechseln Sie danach ab.

Diese Übung hat drei wesentliche Aspekte, auch wenn sie simpel erscheint: 1. Sie fühlen Ihren Körper, 2. Sie lernen Ihren Körper bewusst zu entspannen und 3. Sie konzentrieren sich auf den Augenblick.

Sie können diese Übung auch im Liegen ausführen und mit den im nächsten Absatz beschriebenen Atemübungen kombinieren. Dann ist diese Übung das beste Mittel für ein leichtes Einschlafen; denn im Schlaf ist der Mensch bekanntlich völlig entspannt.

* **autogenes Training** - *konzentrative Selbstentspannung*, eine Methode der Selbsthypnose, der Autosuggestion. Diese Art der Selbstbeeinflussung ist sehr wirksam. Eine falsche Anwendung kann Beeinträchtigungen des Wohlbefindens bewirken. Bitte gehen Sie daher nicht ohne geeignete Betreuung über diese Stufe der Entspannung hinaus.

Ein ernstes Problem stellen bei der jungen Generation die sogenannten Haltungsschäden dar, die sich im Allgemeinen aus einer falschen Sitzhaltung ergeben. Von zentraler Bedeutung ist dieser Aspekt auch für Sänger und Sprecher, die ihre Tätigkeit ja oft im Sitzen ausüben. Viele von ihnen können nicht richtig sitzen. Sitzen sie entspannt, was für die meisten gleichbedeutend ist mit krumm oder mit rundem Rücken sitzen, so drücken sie die Bauchmuskulatur zusammen und können nicht richtig atmen. Sitzen sie dagegen gerade, sind sie im Oberkörper verkrampft, und das ist auch verkehrt. Hier gebe ich Ihnen daher eine Sitzübung:

2. Übung:

Setzen Sie sich völlig entspannt und mit rundem Rücken auf einen Stuhl. Nun ziehen Sie die Lendenwirbel von unten her an und bauen Sie Ihr Rückgrat vom Gesäß her langsam und bewusst auf, bis Sie gerade und aufrecht sitzen. Dabei bleiben Schultern und Arme völlig locker wie zuvor. Nur im Kreuz ist jene Spannung, die den Rücken aufrecht hält und vermeidet, dass Bauch- und Zwerchfellmuskulatur zusammengequetscht sind.

So, und nur so sitzen Sie locker und aufrecht. Sie können diese Übung auch im Liegen auf einer festen Unterlage gut durchführen, indem Sie jeden einzelnen Wirbel bewusst auf- und abrollen. Achten Sie darauf, dass dabei Schultern und Arme locker bleiben.

Nun führen Sie diese Übungen im Stehen durch:

3. Übung:

Stellen Sie sich vor, Sie seien eine Marionette:

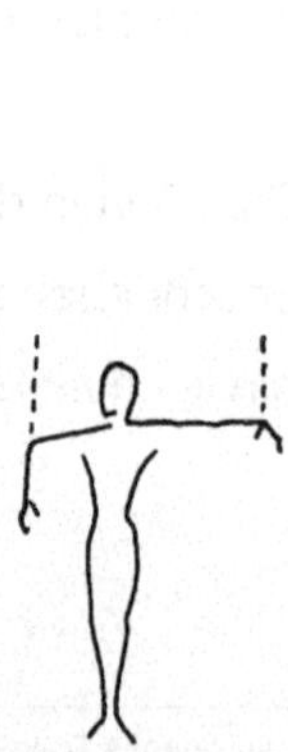

An dem oberen Nackenwirbel ist ein Faden befestigt, der allein den Körper aufrecht hält. Würde dieser Faden durchschnitten, müsste der Körper in sich zusammensinken und zu Boden fallen. Übrigens können Sie sich dabei nicht weh tun, denn wenn der Körper völlig entspannt ist, leistet er beim Auffallen keinen Widerstand.
Auch auf der Mitte des Kopfes ist ein Faden befestigt. Zieht jemand an ihm, so hebt sich Ihr Kopf, lässt er ihn los, dann fällt er wieder auf die Brust.

An den Ellenbogen und Handgelenken sind ebenfalls Fäden angebracht. Jemand zieht den Faden am rechten Ellenbogengelenk, so hebt sich der Oberarm; der Unterarm hängt völlig entspannt herunter. Nun zieht jemand den Faden am rechten Handgelenk. Da hebt sich Ihr Unterarm. Plötzlich lässt er beide Fäden los, und der Arm fällt durch sein Gewicht völlig entspannt herunter und pendelt ein wenig. Nun hängt er wieder ruhig an der Seite.

4. Übung:

Sie stehen aufrecht und sind entspannt. Heben Sie die Schultern und lassen Sie sie wieder herabfallen. Achten Sie darauf, dass die Arme entspannt bleiben und nicht angewinkelt werden. Nachdem Sie diese Übung mehrere Male durchgeführt haben, schieben Sie die Schultern nach vorn und nach hinten. Auch dabei bleiben die Arme entspannt. Schließlich kreisen Sie die Schultern langsam, erst vorwärts und dann rückwärts.

5. Übung:

Nun kommen die Hals- und Nackenmuskeln an die Reihe. Wie schon bei der 'Marionettenübung' (Übung 3) heben Sie denn Kopf und lassen ihn danach durch sein Gewicht wieder auf die Brust fallen. Dann schwenken Sie den Kopf auf die rechte, und dann auf die linke Schulter. Schließlich lassen Sie ihn mit möglichst entspannter Muskulatur kreisen. Die Arme hängen locker und passiv an den Seiten.

6. Übung:

Sie stehen mit leicht gegrätschten Beinen und entspanntem Oberkörper. Nun lassen Sie den Oberkörper nach vorn fallen und leicht nachfedern. Nur Ihre Beine sind gespannt und halten den in den Hüften abgeknickten Körper. Kopf und Arme hängen locker nach unten.

Nun heben Sie in dieser Haltung nacheinander den Kopf und dann die Schultern an und lassen sie wieder fallen. Sobald Sie die völlige Entspannung des Oberkörpers erzielt haben, richten Sie sich wieder auf und wiederholen die Übung.

Wenn Sie durch die bisherigen Übungen ein Gefühl für Ihren Körper bekommen haben und in der Lage sind, sich zu entspannen*, dann fassen Sie alles in einer Übung zusammen:

7. Übung:

Sie stehen wieder mit leicht nach vorn und außen gegrätschten Beinen. Werfen Sie Kopf und Schultern nach hinten. Dabei folgen die Arme passiv dieser Bewegung. Dann führen Sie den Schwung nach vorn aus, so dass sich wie bei Übung Nr. 6 der Oberkörper beugt. Die Arme fliegen nach, rollen voreinander, und schon führt der Schwung wieder hoch. Nacken und Schultern gehen nach hinten, die Arme folgen wieder passiv der Bewegung, dann führen Sie den Schwung wieder nach vorn aus. Machen Sie weiter und bewegen Sie sich abwechselnd nach vorne und nach hinten.

Diese Übung braucht etwas Platz. Achten Sie darauf, dass keine Möbel im Wege stehen. Außerdem können Sie bei dieser Übung leicht nach vorn fallen.

* Diese Übungen sind für die folgende Arbeit an der richtigen Atmung bedeutsam und sind ernst zu nehmen. Doch sollten sie auch nicht übertrieben werden. Wenige Minuten täglich und regelmäßig reichen völlig.

Die Atmung

Zum Sprechen braucht man Luft, und um Luft zu haben, muss man atmen. Das ist jedem klar. Aber durchaus unklar ist vielen Menschen, wie sie richtig atmen.

Wir alle kennen aus der Genesis die Geschichte von der Vertreibung aus dem Paradies. An der Atmung lässt sich beobachten, dass sich dieser Vorgang der Vertreibung bei jedem Menschen wiederholt. Dies geht nämlich so: Das neugeborene Kind atmet vollkommen natürlich und also richtig mit Brust und Bauch. Diese Tatsache befähigt es, ganze Nächte hindurch pausenlos zu brüllen, ohne heiser zu werden. Dies ist eine Leistung, die ihm kein Erwachsener nachmacht. Diese Fähigkeit behält das Kind im allgemeinen bis zum Schulantritt bei. Wer je in einer kinderreichen Gegend gewohnt hat, wird dies bestätigen können. Von da an muss das Kind in der Schule sitzen, von Jahr zu Jahr mehr Stunden, es muss daheim sitzen und Schularbeiten machen, auch immer länger, je älter es wird. Es erwirbt vielerlei Wissen, und seine Eltern, ErzieherInnen und LehrerInnen achten auf alles, nur auf seine Atmung nicht. Und ganz allmählich wird die Atmung durch die gekrümmte Sitzhaltung immer flacher. Es entstehen die berüchtigten Haltungsschäden, und schließlich geht die Zwerchfellatmung, die dem Kinde nie bewusst war, völlig verloren. An seine Stelle tritt die sogenannte 'Brustatmung' beziehungsweise 'Clavicularatmung'*. Nur im Schlaf ist der Mensch noch entspannt und atmet auch wieder richtig; aber davon weiß er nichts.

Die richtige und für Singen und Sprechen erforderliche Form der Atmung ist also die Tief- oder Zwerchfellatmung, die selbstverständlich die Brustatmung mit einschließt. Warum? Das lässt sich an einem ganz simplen Beispiel erklären: Kein Mensch wird seine Winterkartoffeln in der Küche lagern, auch wenn er sie letztendlich dort braucht und verarbeitet. Sie würden ihm im Wege sein und ihn an der Arbeit hindern. Darum legt er sie in den Keller und holt sich nur soviel nach oben, wie er jeweils braucht.

---

* Hierbei ist das Zwerchfell kaum noch beteiligt. Die Atmung beschränkt sich auf den oberen Brustbereich. *Clavicula*, eingedeutscht Klavikula, ist das Schlüsselbein. Diese falsche Atmung ist leicht am Anheben der Schultern bei der Einatmung erkennbar.

Genauso ist es mit der Atmung. Setzen Sie für das Atmen nur die oberen Lungenpartien ein, so heben Sie Brustkorb und Schultern übermäßig an und behindern dadurch die Bewegung des Kehlkopfs und halten die Thoraxwände und die Bauchmuskulatur steif (Abbildung 1). Bei der Zwerchfellatmung dagegen bleibt der Oberkörper einschließlich der Halsmuskulatur entspannt, und der Kehlkopf kann völlig frei arbeiten (Abbildung 2).

Abbildung 1

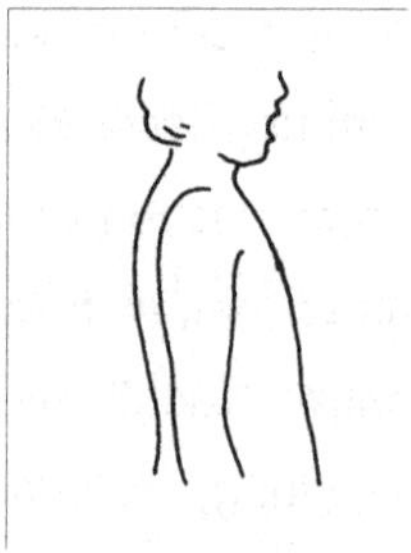

Abbildung 2

Hinzu kommt, dass eine bewusste und kontrollierte Atemführung nur durch das Zwerchfell zu erreichen ist. Bei der normalen Atmung sind die Phasen der Ein- und Ausatmung etwa gleich lang. Beim Singen oder Sprechen verlängern Sie bewusst die Ausatmung, um einen möglichst großen Nutzen zu schaffen.

Dies bewirkt das Zwerchfell. Daher gilt also das Zwerchfell, Diaphragma, mit Recht als der bedeutsamste Atemmuskel, da sich ja die Lunge von sich aus keine Luft zuführen kann. Das Zwerchfell ist eine muskulöse Haut und stellt eine Scheidewand dar, die quer zwischen Brust- und Bauchhöhle liegt. Daher hat es auch seinen Namen: Zwerch ist die alte Form von quer (Zwerchsack). Es hat die Form einer doppelt gewölbten Kuppel. Auf dieser Kuppel ruhen die beiden Lungenflügel und das Herz. Diese Organe machen also die Bewegungen des Zwerchfells mit. Rings an den Rändern greifen die eigentlichen Muskeln des Zwerchfells an. Ziehen sich diese Muskeln nun zusammen, so ziehen sie das Zwerchfell als Ganzes nach unten und erweitern damit beträchtlich das Volumen der Brusthöhle. Durch diese Abwärtsbewegung des Zwerchfells wird die Luft in die Lunge eingesogen. Da bei diesem Vorgang die Bauch- und Flankenmuskulatur entspannt ist, werden die Baucheingeweide zusammengedrückt. Und durch das Nachgeben der Bauchwände werden sie leicht nach vorn außen geschoben, was noch eine zusätzliche Massage der Därme bewirkt. Dies ist der Vorgang der Einatmung, der Inspiration. Hierbei ist das Zwerchfell, da sich seine Muskeln zusammenziehen, aktiv (siehe Abbildung 3a).

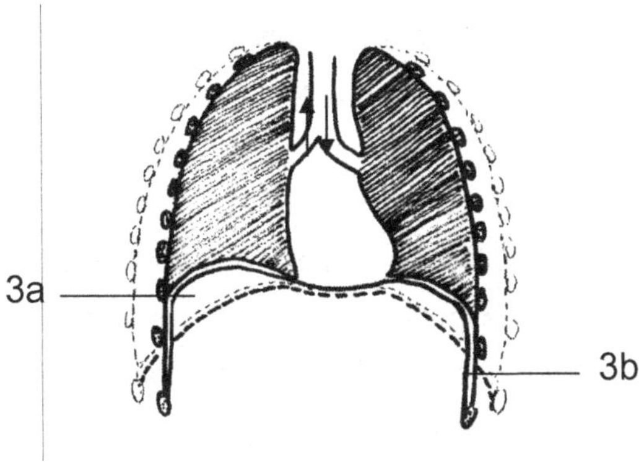

Abbildung 3

3a) Zwerchfell gespannt, Einatmung

3b) Zwerchfell entspannt, Ausatmung

Anders ist es bei der Ausatmung. Hier geht die Bauchmuskulatur in ihre Ausgangsposition zurück - genau genommen noch darüber hinaus - und verengt die Bauchhöhle. Die Zwerchfellmuskulatur entspannt sich, das Zwerchfell wird wieder nach oben gedrängt. Das Volumen der Brusthöhle wird kleiner. Die Luft kann aus der Lunge entweichen (siehe Abbildung 3b).

Diese Atembewegungen werden durch entsprechende Bewegungen des Brustkorbs, genauer gesagt: der Rippen, unterstützt. Die Beweglichkeit der einzelnen Rippen ist unterschiedlich. Am größten ist sie im Bereich der unteren Rippenbögen. Wir sprechen von der Flankenatmung (siehe auch Abbildungen 3a und 3b).

Folglich funktioniert unsere Atmung nach dem technischen Prinzip des Blasebalges (siehe Abbildung 4).

Abbildung 4

Dieses natürliche Zusammenspiel zwischen der Anspannung des Zwerchfells bei entspannter Bauchmuskulatur bei der Inspiration und der Entspannung des Zwerchfells bei gleichzeitiger Kontraktion der Bauchmuskulatur bei der Expiration geht, wie schon gesagt, den meisten Menschen verloren. An seine Stelle tritt jene völlig unkontrollierte Flachatmung, die weder zum Sprechen noch zum Singen geeignet, ja hierbei ausgesprochen gesundheitsschädlich ist. Hier gilt es also, durch Bewusstmachung und stetes Üben von der Natur zurück zu erobern, was wir schon einmal besaßen und nur verloren haben.

Heinrich von Kleist formulierte dies sehr poetisch in seinem Aufsatz mit dem Titel "Über das Marionettentheater": "... Solche Missgriffe ... sind unvermeidlich, seitdem wir von dem Baum der Erkenntnis gegessen haben. Doch das Paradies ist verriegelt und der Cherub hinter uns; Wir müssen die Reise um die Welt machen, und sehen, ob es vielleicht von hinten irgendwo offen ist ..."

Also beginnen wir die Reise um die Welt. Die erste Aufgabe besteht darin, die Atmung ruhig zu stellen, das heißt, bewusst zu atmen. Es atmet nicht mit Ihnen, sondern Sie, Sie selbst atmen, ganz ruhig und tief.

1. Übung:

Bitte stellen Sie sich vor, Sie haben eine Blume vor der Nase, deren köstlichen Duft Sie ganz tief in sich einsaugen. Nun lassen Sie den Atem wieder ruhig ausströmen und warten einen Augenblick, bis Sie den Wunsch haben, wieder Atem zu schöpfen. Bis tief in den Unterleib füllen Sie sich mit dem Duft der Blume.

Achten Sie darauf, dass die Arme und vor allem die Schultern völlig entspannt bleiben. Die Schultern dürfen beim Einatmen nicht angehoben werden.

Beachten Sie bitte:

Die Atmung besteht nicht aus zwei, sondern aus drei Phasen:
1. Einatmung - 2. Ausatmung - 3. Pause.

Um die Bewegung der Bauch- und Flankenmuskulatur besser fühlen zu können, empfehle ich Ihnen folgende Übung:

2. Übung:

Legen Sie die Hände ganz locker an die Hüften, die Daumen nach hinten. Atmen Sie wieder ganz ruhig und tief: einatmen, - ausatmen, - Pause.

Da auch die Rückenpartie im Flankenbereich am Atemvorgang beteiligt ist, will sie besonders trainiert und für die Atmung aktiviert werden:

3. Übung:

Nach der Ausatmung neigen Sie den Oberkörper nach vorn und atmen nun wieder tief ein. Da durch die Vorneigung der Bauch zusammengedrückt ist, wird die Atmung deutlich spürbar in die Rückenpartie gedrängt. Spüren Sie die Atmung dort. Nun richten Sie sich wieder auf und atmen aus. Wiederholen Sie die Übung.

Besonders eignen sich Spaziergänge für Atemübungen. Dabei können Sie Ihren Rhythmus selbst bestimmen:

4. Übung:

Bei ruhigem Gehen atmen Sie vier oder sechs Schritte lang ein. Nehmen Sie die gleiche Schrittzahl für die Ausatmung und die gleiche Schrittzahl für die Pause.

Führen Sie die nächste Übung im Liegen auf einer geraden und festen Unterlage aus. Gut geeignet ist dafür ein Teppich:

5. Übung:

Legen Sie sich auf den Rücken, die Arme liegen entspannt an den Seiten. Atmen Sie ganz ruhig und tief. Um auch in dieser Lage die Zwerchfell- oder richtiger gesagt die Bauchmuskelfunktionen beobachten zu können, legen Sie sich ein dickes Buch auf den Bauch unterhalb der Magengegend. So können Sie die Bewegungen fühlen und, wenn Sie sie als Partnerübung ausführen, auch sehen.

Diese Atemübung können Sie wie bereits im vorigen Kapitel gesagt im Bett vor dem Einschlafen durchführen und mit der dort empfohlenen Entspannung des Körpers kombinieren. Dann werden Sie bestens schlafen, denn, wie schon gesagt, Tiefatmung und Entspannung sind die entscheidenden Voraussetzungen für erholsamen Schlaf.

Beachten Sie bitte:

Nur durch andauerndes, bewusstes Training erreichen Sie, dass diese Tiefatmung in Ihr Unterbewusstsein eindringt und so wieder zur Natur wird.

Die Tiefatmung ist erst dann wirksam und von Nutzen, wenn sie wieder natürlich geworden ist und unbewusst geschieht. Daher bringt es nichts, wenn Sie diese Atemübungen nur manchmal machen.

Sind bei der normalen Atmung die einzelnen Phasen etwa gleich lang, so ändert sich das natürlich, wenn Sie die Luft zum Singen oder Sprechen brauchen; denn jetzt kommt es darauf an, die Phase der Inspiration möglichst kurz und unmerklich, die der Expiration, da sie ja die der Tongebung oder Phonation ist, möglichst lang zu halten. An dem Atemvorgang als solchem ändert sich dadurch gar nichts. Nur die Entspannung des Zwerchfells erfolgt langsamer und mit ihr die parallel einher gehende Spannung der Bauchmuskulatur.

An dieser Stelle spreche ich die sogenannte Atemstütze an. Hierbei handelt es sich um einen Begriff, mit dem bei vielen Gesangspädagogen und Sprecherziehern großer Unfug getrieben wird. Zunächst einmal sei klargestellt, dass sich dieser Vorgang wissenschaftlich nicht nachweisen lässt. Die Stützung des Atems ist ein durchaus subjektives Erlebnis des Sängers oder Sprechers, der das Gefühl hat, während der Stimmgebung den Atem an dieser oder jener Stelle des Körpers zu stützen. Tatsächlich handelt es sich dabei lediglich um eine bewusste Führung der Ausatmung, das heißt die Herstellung eines bestimmten Spannungsverhältnisses zwischen den antagonistischen Muskelgruppen der Ein- und Ausatmungsmuskulatur. Und dieses Zusammenwirken lässt sich nur durch Übung und Selbstkontrolle erzielen. Auch hierfür biete ich Ihnen Übungen an:

6. Übung

Wie schon bei den ersten Atemübungen atmen Sie wieder ganz ruhig und tief ein. Legen Sie zur Kontrolle die Hände an die Hüften. Nun lassen Sie den Atem langsam ausströmen, indem Sie einen 'F'-Laut bilden. Später können Sie den Atemstrom auch auf anderen Konsonanten wie 'W', 'S' und 'SCH' üben und ihn bewusst und kontrolliert führen.

Hierbei werden Sie anfänglich die Beobachtung machen, dass das 'F' nicht gleichmäßig klingt, sondern flackert. Das kommt daher, dass die Bauch- und Zwerchfellmuskulaturen noch nicht richtig zusammenarbeiten und das Zwerchfell sich noch ruckartig entspannt. Also werden Sie diese Übung so lange wiederholen, bis die Atemführung hör- und fühlbar ruhig und beherrscht ist. Zur Kräftigung des Zwerchfells empfehle ich Ihnen noch zwei weitere Übungen. Erstens die sogenannte Eisenbahnübung:

7. Übung:

Stoßen Sie mit einem kräftigen Atemstoß vom Zwerchfell her ein 'SCH' aus. Sofort spannt sich das Zwerchfell wieder. Dadurch wird die Luft für den nächsten Ausstoß eingesogen. Und schon kommt das nächste 'SCH' - so wie Kinder früher 'Eisenbahn' spielten.

Es empfiehlt sich, die Übung langsam zu beginnen und das Tempo erst allmählich zu steigern. Achten Sie darauf, dass Sie das Zwerchfell nach jedem Atemstoß neu spannen. So vermeiden Sie es, dass entgegengesetzte Zwerchfellbewegungen entstehen. Und dann führen Sie die zweite Übung aus. Ich nenne sie 'Hundeatmen':

8. Übung:

Atmen Sie bei völlig geöffneten Stimmlippen und geöffnetem Mund vom Zwerchfell her ganz kurz ein- und aus, so dass jenes hechelnde Geräusch entsteht, wie es Hunde erzeugen, wenn es ihnen zu warm ist.

Üben Sie diese Übung jeweils nur für kurze Zeit und nicht zu oft, da sie die Stimmlippen austrocknet. Außerdem können sich dabei, wie auch bei anderen Atemübungen, durch die übermäßige Sauerstoffzufuhr Schwindelgefühle einstellen.

Mit der Zeit gehen Sie dazu über, vorgegebene Texte zu sprechen. Zunächst eignet sich dafür die einfache, möglichst undramatische, gebundene Rede. Machen Sie sich vor dem Sprechen beim Lesen die gedanklich zusammenhängenden Phrasen bewusst. Wählen Sie anfangs eher kurze Passagen und sprechen Sie sie ganz ruhig auf dem ausströmenden Atem.

Sehr bald werden Sie dahinter kommen, dass die Fähigkeit, große Bögen zu singen oder zu sprechen, nicht primär von der Menge der eingeatmeten Luft, sondern von deren sparsamen Verbrauch abhängt. Ein verhältnismäßig kleines Luftvolumen von 1000 bis 1500 cm^3 und eine Ausatmungszeit von 15 bis 20 sec reichen aus, um den längsten musikalischen oder sprachlichen Satz zur Darstellung zu bringen.

Beachten Sie bitte:

Es kommt nicht darauf an, wie viel Luft Sie ein- oder ausatmen, sondern wie Sie den Ton stützen, das heißt also auf die Art und Weise, wie Sie den Atemstrom für die jeweilige Klanggestaltung einsetzen.

Hastiges, bellendes Sprechen oder verhauchtes Sprechen, jene berüchtigte 'wilde Luft', die den Eindruck erweckt, als stünde hinter jedem Vokal ein H, ist immer Zeichen schlechter Atemführung. Auch jenes krampfhafte, asthmatische Einatmen, das womöglich noch mit einem Pfeifton einher geht, ist zu vermeiden. Dieses Einatmungsgeräusch entsteht, wenn die Stimmlippen nicht weit genug geöffnet sind und dadurch in Schwingung kommen. Das berühmte I-A des Esels kommt so zustande.

Während die Normalatmung durch die Nase erfolgt, atmen wir zum Sprechen durch den Mund und die Nase ein, um schneller die erforderliche Luftmenge zu erhalten. Das Gesamtfassungsvermögen der Lunge eines erwachsenen Menschen beträgt ungefähr 5 Liter Luft (1 Liter = 1000 cm^3). Bei normaler Ein- und Ausatmung in Ruhe atmen wir nur etwa 0,5 l Luft. Dies ist die sogenannte Ruhelage. Atmen wir ganz tief ein, so kommen noch etwa 1,5 l hinzu. Dies ist die Ergänzungsluft. Bei völliger Ausatmung können wir bis zu 1,5 l Reserveluft zusätzlich ausatmen.

Mithin beträgt das maximale Atemvolumen - die sogenannte Vitalkapazität - 3,5 Liter. Die verbleibenden 1,5 l Restluft halten die Lunge funktionsfähig. Ohne sie würde die Lunge zusammenfallen und kollabieren.

<table>
<tr><th>Atemvolumen</th><th>Menge [l]</th><th>Funktion</th><th></th></tr>
<tr><td>Ergänzungsluft</td><td>1,5</td><td>maximale Einatmung</td><td rowspan="3">Vitalkapazität 3,5 l</td></tr>
<tr><td>Atemluft</td><td>0,5</td><td>Ruhelage</td></tr>
<tr><td>Reserveluft</td><td>1,5</td><td>maximale Ausatmung</td></tr>
<tr><td>Restluft</td><td>1,5</td><td>funktional bedingt</td><td>nicht atembar</td></tr>
</table>

Beachten Sie bitte:

Das Zwerchfell, Diaphragma, ist eine muskulöse Haut zwischen Brust- und Bauchhöhle.

Für die Einatmung, die Inspiration, spannt sich das Diaphragma nach unten. Die Bauch und Flankenmuskulatur ist entspannt.

Bei der Ausatmung, der Expiration, spannt sich die Bauch- und Flankenmuskulatur, während das Diaphragma entspannt und in die kuppelförmige Ausgangslage zurückgedrängt wird.

Die Vollatmung ist eine Kombination aus Zwerchfell-, Rippen- und Flankenatmung.

Es ist ganz wesentlich, beim Einatmen die Schultern locker hängen zu lassen!

Der Kehlkopf

Zwischen den oberen und den unteren Luftwegen, sozusagen am Eingang der Luftröhre, sitzt der Kehlkopf, Larynx. Er hat drei wesentliche Aufgaben zu erfüllen.

Die Schutzfunktionen

Die erste und wohl auch ursprünglichste Aufgabe dürfte die Schutzfunktion sein. Wie wir wissen, erfolgt sowohl die Luft- als auch die Nahrungsaufnahme durch den Rachen, Pharynx. Von dort wird die Luft weiter in die Luftröhre, Trachea, geleitet und die Nahrung in die Speiseröhre, Ösophagus. Die beiden Eingänge in die Luft- und in die Speiseröhre liegen dicht beieinander. Dadurch ergibt sich ein Kreuzungspunkt, der eine Gefahrenzone ersten Ranges darstellt. Unter allen Umständen muss die Lunge vor Fremdkörpern geschützt werden. Das können Speiseteilchen, Speichel oder Reizgase sein. Um diese Funktion erfüllen zu können, hat der Kehlkopf drei Verschlussmöglichkeiten.

Die Absicherung vor Speise oder Speichel erfolgt durch den Kehldeckel, Epiglottis. Dies ist ein beweglicher, blattförmiger Knorpel, der durch Bänder sowohl mit dem Zungenbein als auch mit dem Schildknorpel verbunden ist.

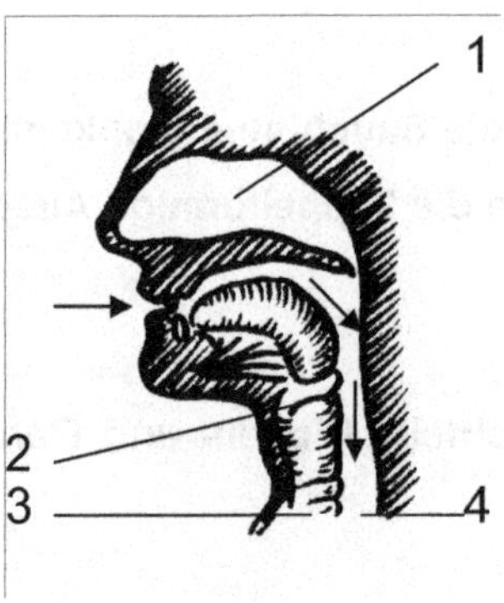

Abbildung 5

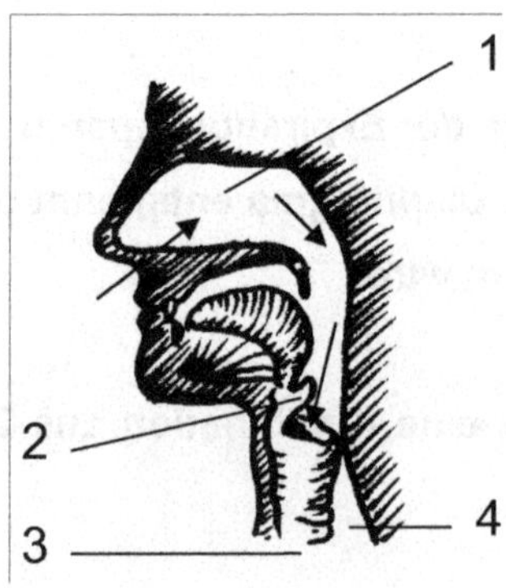

Abbildung 6

1) Nasenhöhle
2) Kehldeckel
3) Luftröhre
4) Speiseröhre

Beim Schlucken hebt sich der Kehlkopf. So legt sich der Kehldeckel fest auf den oberen Kehlkopfeingang und schließt diesen. Dadurch kann die Speise über den Kehlkopf hinweg in die Speiseröhre gleiten (siehe Abbildung 5). Sobald ein Schluckvorgang beendet ist, wandert der Kehlkopf wieder nach unten; der Kehldeckel hebt sich und gibt den Kehlkopfeingang für die Atmung oder Phonation frei (siehe Abbildung 6).

Sollte sich doch einmal ein winziges Speiserestchen oder etwas Speichel an den Rand des Kehlkopfes verirren, so leiten empfindliche Nerven diese Erregung zum sogenannten Hustenzentrum. Ein kräftiger Hustenstoß befördert den Störenfried wieder nach draußen. Bei solchen Hustenstößen wurde eine Geschwindigkeit von 180 km/h gemessen.

Die anderen beiden Verschlussmöglichkeiten ergeben sich durch die Taschenfalte, Plica vestibularis, und die Stimmfalte, Plica vocalis, im Inneren des Kehlkopfes (siehe Abbildung 8). Hierbei handelt es sich um Muskelwülste bzw. Schleimhautfalten, die sich beispielsweise beim Eindringen von Reizgasen gegeneinander legen und so den Luftdurchgang durch einen festen Membranverschluss abriegeln. Alle diese Sicherungsmaßnahmen werden nicht bewusst erzeugt, sondern sie geschehen reflektorisch. Diesen Stimmfaltenverschluss können wir auch bewusst herstellen, wenn wir beispielsweise die Luft anhalten oder husten wollen. Ja, selbst bei verhärtetem und somit erschwertem Stuhlgang helfen die Stimmlippen durch ihren festen Verschluss, den Gegendruck herzustellen. Dieser Vorgang heißt 'Bauchpresse'.

Der Durchgang für die Atemluft

Die zweite Aufgabe des Kehlkopfes besteht darin, den Durchgang für die Atemluft zu ermöglichen. Die im Nasenraum vorgewärmte Luft wird im Kehlkopf auf eine Temperatur von 32 bis 34 Grad erwärmt, und die relative Luftfeuchtigkeit steigt auf 95%.

Das Stimmorgan

Die dritte und für unsere Zwecke interessanteste Aufgabe ist es nun, Stimmorgan zu sein. Da über die physiologischen Vorgänge beim Sprechen selbst bei Berufssprechern und Sängern zum Teil recht merkwürdige Vorstellungen bestehen, will ich an dieser Stelle den Bau und die Funktion des Kehlkopfes näher erläutern.

Der Kehlkopf, oder richtig gesagt der vorderste Teil des Schildknorpels ist sichtbar und tastbar. Er ist bei Männern stärker ausgebildet als bei Frauen und heißt im

Volksmund 'Adamsapfel'. Diese Bezeichnung geht angeblich auf die Araber zurück, die den ausgeprägten Schildknorpel mit dem Sündenfall in Verbindung brachten und glaubten, Adam sei beim Anruf Gottes so erschrocken, dass ihm ein Teil der verbotenen Frucht im Halse stecken geblieben sei.

Der Kehlkopf ist ein äußerst kompliziert gebauter Hohlkörper. Er setzt sich aus zahlreichen Knorpelteilchen, Bändern, Sehnen, Muskeln, Schleimhäuten und einem Knochen, dem Zungenbein, zusammen.

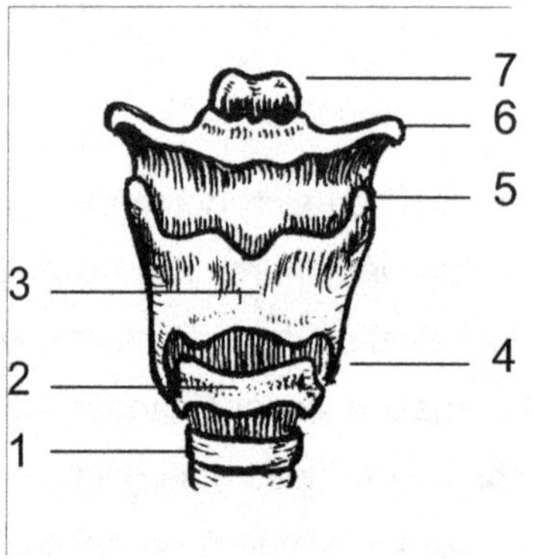

1) Luftröhrenknorpel (Cartilago trachealis)
2) Ringknorpel (Cartilago cricoidea)
3) Schildknorpel (Cartilago thyreoidea)
4) Unteres Horn (Cornu inferius)
5) Oberes Horn (Cornu superius)
6) Zungenbein (Os hyoideum)
7) Kehldeckel (Epiglottis)

Abbildung 7: Kehlkopfskelett

Das Kehlkopfskelett (siehe Abbildung 7) baut sich auf dem obersten Luftröhrenknorpel, Cartilago trachealis, auf. Es besteht aus dem Ringknorpel, dem Schildknorpel, den beiden Gießbecken- oder Stellknorpeln - sie sind auf dieser Abbildung nicht darstellbar, da sie sich auf der Rückseite des Ringknorpels befinden - und dem Kehldeckelknorpel. Den oberen Abschluß bildet das Zungenbein, welches der einzige knöcherne Teil des Kehlkopfes ist.

Der Ringknorpel, Cartilago cricoidea, ist gewissermaßen das Fundament des Kehlkopfes. Er hat seinen Namen von seiner Form, die einem umgekehrten Siegelring ähnelt, dessen Platte nach hinten gewendet ist. Darüber liegt der Schildknorpel, Cartilago thyroidea. Er ist der größte Kehlkopfknorpel. Seine beiden vorn zusammentreffenden Platten sind deutlich tastbar als Adamsapfel. Durch sein oberes Horn, Cornu superius, ist er mit dem Zungenbein und durch sein unteres Horn, Cornu inferius, mit dem Ringknorpel verbunden. Den Namen 'Schildknorpel' hat er, da er wie ein Schild den Raum der Stimmlippen schützt.

Auf der hinteren Oberkante des Ringknorpels, also auf seiner Platte, befinden sich die beiden Gießbecken- oder Stellknorpel, Cartilaog arytenoidea, in der Fachsprache 'Ary-Knorpel' genannt. Es sind zwei außerordentlich bewegliche Knorpelteilchen, die sich sowohl aufeinander zu bewegen als auch zurückkippen und sich um ihre Längsachse drehen können. Sie sind am Zustandekommen der Stimmlippenspannung wesentlich beteiligt. Durch die Spannung oder Entspannung der Stimmlippen wird der Stimmton - wie bei den Saiten eines Streichinstrumentes - höher oder tiefer. Die Aufgabe und Funktion des Kehldeckels, Epiglottis, habe ich bereits am Beginn dieses Kapitels bei den Schutzfunktionen beschrieben.

Den oberen Abschluss des Kehlkopfes bildet das Zungenbein, Os hyoideum. Es ist direkt an der Zungenwurzel aufgehängt. Alle Teile des Kehlkopfes sind durch Bänder und Muskeln miteinander verbunden, die bis zu den Gaumenbögen, zum Unterkiefer, ja bis hinauf zum Oberkiefer führen. Wer sich diese Tatsache bewusst macht, kann einerseits die außerordentliche Beweglichkeit des gesamten Kehlkopfskelettes begreifen und andererseits erkennen, dass jede Verspannung in der Gesichts-, Kiefer- oder Halsmuskulatur sich hindernd oder sogar schädlich auf die Kehlkopf- und Stimmfunktion auswirkt.

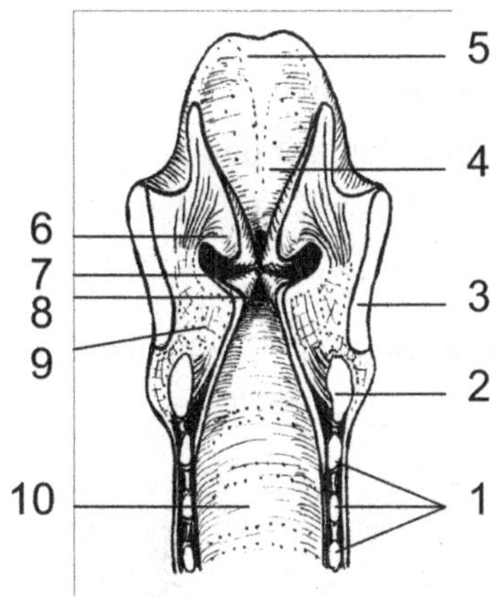

1) Luftröhrenknorpel (Cartilago Trachealis)
2) Ringknorpel (Cartilago cricoidea)
3) Schildknorpel (Cartilago thyreoidea)
4) Vorhof (Vestibulum laryngis)
5) Kehldeckel (Epiglottis)
6) Taschenfalte (Plica vestibularis)
7) Kehlkopftasche (Ventriculus laryngis)
8) Stimmlippe (Labium vocale)
9) Stimmbandmuskel (Musculus vocalis)
10) Luftröhre (Trachea)

Abbildung 8: Medianschnitt durch den Kehlkopfhohlraum

Betrachten wir nun in einem Medianschnitt den Kehlkopfhohlraum (siehe Abbildung 8) mit dem eigentlichen Stimmapparat, so erkennen wir, dass die Luftröhre, Trachea, in der Höhe des Schildknorpels durch den Stimmbandmuskel, Musculus vocalis, und die Taschenfalte, Plica vestibularis, eingeengt wird und sich dann nach oben hin wieder öffnet. Diese Stimmritze, Glottis, wird durch die beiden Stimmlippen, Labium vocale, gebildet. Diese sind vorn an dem Schildknorpel und hinten an den beiden Stellknorpeln angewachsen. Sie liegen also horizontal im Kehlkopf.

Es handelt sich bei den Stimmlippen nicht, wie oft fälschlich angenommen wird, um Bänder, sondern um wulstige Schleimhautfalten, die sich um den Stimmlippenmuskel herumlegen und durch die Stellknorpelmuskulatur in Form eines gleichschenkligen Dreiecks geöffnet und auch gegeneinander geführt und dadurch geschlossen werden können (siehe Abbildungen 9 und 10).

Schematische Darstellung des Kehlkopfskeletts - von oben gesehen:

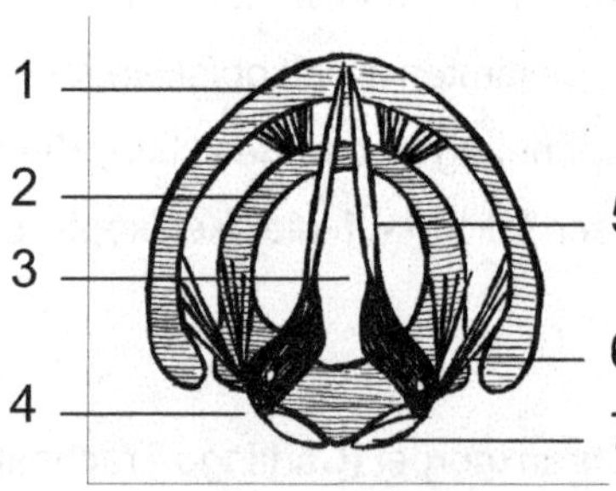

Abbildung 9
geöffnete Stimmlippen

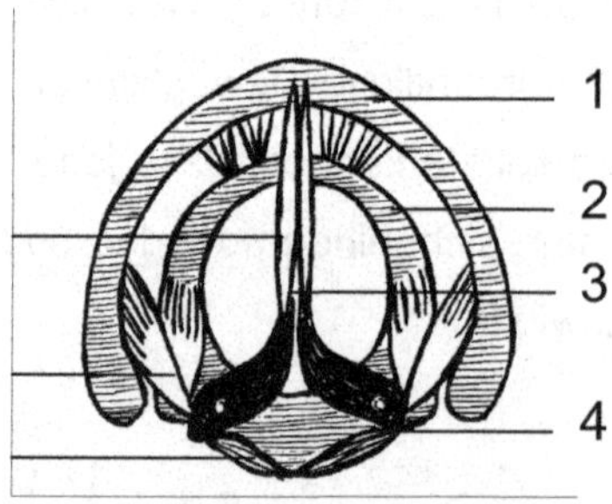

Abbildung 10
geschlossene Stimmlippen

1) Schildknorpel
2) Ringknorpel
3) Stimmritze
4) Stellknorpel
5) Stimmlippen
6) Öffner
7) Schließer

Schematische Darstellung der verschiedenen Glottisstellungen - von oben gesehen:

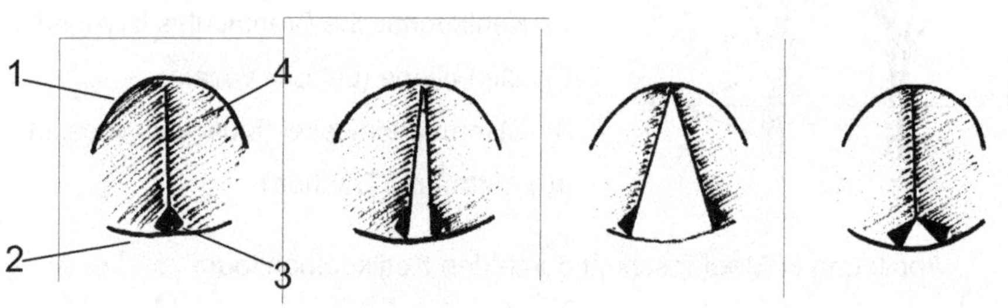

a: Vollverschluss b: Ruheatmung c: Vollatmung d: Flüsterstellung

1) Schildknorpel
2) Ringknorpel
3) Stellknorpel
4) Stimmlippen

Abbildung 11

Abbildung 11a stellt einen Vollverschluss dar, wie er vor dem Stimmeinsatz, also während der Verschlussphase erfolgt. Stimmlippen und Stellknorpel liegen dicht nebeneinander, und nur die Stimmlippen werden durch die ausströmende Luft auseinander und wieder zusammen getrieben. Auch bei der Bauchpresse bei Husten und Stuhlentleerung erfolgt dieser Vollverschluss. Unter pathologischen Umständen - bei einem Stimmritzen-Krampf - würde ein solcher Verschluss zum sofortigen Erstickungstod führen.

Abbildung 11b zeigt die Glottisstellung während der Ruheatmung, beispielsweise beim Schlafen, und Abbildung 11c die Einstellung bei der Vollatmung.

Abbildung 11d stellt die sogenannte Flüsterstellung dar. Die Stimmlippen sind geschlossen, und nur die Knorpelritze ist zu einem kleinen Dreieck geöffnet. Ein völliger Verschluss der Stimmritze ist praktisch nicht zu erzielen. So reibt sich die ausströmende Luft nicht nur an den Schenkeln der Stellknorpel, sondern auch an der Schleimhaut der Stimmlippen. Austrocknung und Entzündung können die Folgen sein. Darum ist das Flüstern bei einer Erkältung durchaus keine Entlastung für die Stimmlippen.

Den eigentlichen, tonerzeugenden Schwingkörper, der gewöhnlich als Stimmband, Ligamento vocale, bezeichnet wird, bilden die äußeren Ränder der Stimmlippen. Ihre Spannung wird durch den Stimmbandmuskel und die Stellknorpel erzeugt. Die darüber liegenden Taschenfalten - sie werden auch als 'falsche Stimmbänder' bezeichnet - sind reichlich mit Drüsen ausgestattet und liefern das Sekret zum Feuchthalten der Stimmlippen.

Die Tonerzeugung

Über den genauen Vorgang der Tonerzeugung, das heißt das Zustandekommen der Stimmlippenschwingungen, gibt es noch immer unterschiedliche Auffassungen. Lange Zeit galt die 'myo-elastische Theorie' als hinreichende Erklärung. Sie besagt, dass die ausströmende Atemluft die aneinandergeführten und gespannten Stimmlippen in gleichmäßige Schwingungen versetzt und dass diese sich sowohl auf die Luftsäule über den Stimmlippen als auch auf die Luft im subglottalen Raum übertragen und somit den Ton erzeugen. Demnach sind nicht die Stimmlippen die Tonträger, entsprechend den Saiten einer Geige, sondern die durch sie in Schwingung versetzte Luftsäule.

Im Jahre 1950 trat nun der französische Physiologe R. Husson mit der aufsehenerregenden Behauptung hervor, die Stimmlippen würden nicht durch die ausströmende Atemluft in Schwingungen versetzt, sondern der 'Nervus recurrens' rege sie zu diesen Schwingungen an. Die Atemluft sei lediglich das Transportmittel für den erzeugten Ton. Diese Theorie ist unter dem Namen 'neuro-chronaktische Theorie' bekannt.

Mit Sicherheit sind die Vorgänge bei der Tonerzeugung wesentlich komplizierter als es die myo-elastische Theorie besagt; aber andererseits scheint der Anteil, den die Atemgebung an der Tonerzeugung hat, größer zu sein als dies die neurochronaxische Theorie ihr zugesteht. Diese Sichtweise teilen zahlreiche Stimmpädagogen aus der Unterrichtspraxis heraus mit mir.

Zusammenfassend können wir sagen, dass die alte Vorstellung von Stimmlippensaiten, die völlig passiv ein Werkzeug des an ihnen vorbeistreichenden Luftstromes sind - die Luft hat dabei die Funktion des Geigenbogens - , nicht mehr haltbar ist. Der Bau der Stimmlippen ist wesentlich komplizierter und ihre Aktivität größer, als dies vielfach angenommen wurde.

Die Stimmlage

Die Stimmlage, das heißt also die Höhe oder Tiefe einer Stimme, hängt von der Länge und Stärke der Stimmlippen ab. Je länger sie sind, desto tiefer klingt die Stimme, wobei die Größe des Kehlkopfes natürlich auch eine Rolle spielt. Also ergibt sich die tiefere Stimmlage des Mannes aus der Tatsache, dass bei ihm die Stimmlippen durchschnittlich 18 mm lang sind, während ihre Länge bei der Frau im Mittel nur 12 mm beträgt, da der weibliche Kehlkopf meist kleiner ist. Gleiches gilt natürlich auch für den noch nicht ausgewachsenen Kehlkopf des Kindes mit den entsprechend kürzeren Stimmlippen. In den sogenannten Entwicklungsjahren des Menschen wächst auch der Stimmapparat. Das Wachstum ist bei den Stimmlippen schneller als beim Kehlkopf, und so entstehen besonders bei Buben während der Mutation jene Stimmschwankungen, die als Stimmbruch bekannt sind.

Die Stimmfarbe

Die Stimmfarbe, das heißt der individuelle Klang jeder Stimme, hängt jedoch weniger vom Stimmapparat als vielmehr von dem Rachen- und Nasenraum, Zunge, Zähnen und Gaumen ab, während die Größe und Tragfähigkeit der Stimme von den Resonanzräumen und deren Nutzung bestimmt wird.

Man unterscheidet allgemein zwischen der Brust- und der Kopfstimme. Bei der Bruststimme schwingen die Stimmlippen in ihrer ganzen Länge und übertragen die Schwingung auch auf die unter den Stimmlippen liegende Luftsäule, auf den sogenannten subglottalen Raum. Dadurch kommt der ganze Brustkorb als Resonanzraum zum Einsatz, und die Stimme klingt bei relativ geringem Luftverbrauch voll und kräftig.

Die sogenannte Kopfstimme, das Falsett, findet bei der Bildung sehr hoher Töne Einsatz. Bei ihr sind die Stimmlippen straff gespannt, schwingen aber nur an den äußeren Rändern. Die Stimmritze ist dabei nur einen schmalen Spalt breit geöffnet. Die Bezeichnung 'Kopfstimme' ergibt sich aus der Tatsache, dass hier die Schwingungen in den Resonanzräumen des Kopfes deutlich wahrnehmbar sind.

Die Stimmlippen sind äußerst empfindsame Häutchen. Wohl können sie erstaunliche Leistungen vollbringen, wie es Berufssprecher und Sänger uns immer wieder beweisen; doch setzt dies eine in hohem Maße pflegliche Behandlung voraus. Die größte Gefahr entsteht durch Verkrampfung der Hals- und Kehlkopfmuskulatur und durch falsche Atmung.

Auch häufiges, gewaltsames Aufsprengen der Stimmlippen, die sogenannten Glottisschläge, können gefährlich werden. Dabei sind die Stimmlippen vor dem Stimmeinsatz so fest geschlossen, dass sich die Luft dahinter staut, bis sie gewaltsam durch den Luftdruck aufgerissen werden. Dieser Vorgang ereignet sich oft vor Vokaleinsätzen, beispielsweise bei dem Wort 'acht'. Sind die Stimmlippen durch Überanstrengung oder auch Erkältung geschwollen, so überziehen sie sich mit einer Schleimschicht, die sie am Schwingen hindert. Dann klingt die Stimme heiser. Allzu oft geschieht es, dass durch fehlerhaftes Sprechen gerötete und schließlich entzündete Stimmlippen weiter belastet werden. Dann bilden sich die gefürchteten Stimmbandknötchen, eine Art Schwielen, die gleichsam Hühneraugen auf den Stimmlippen sind. Wohl ist es möglich, sie operativ zu entfernen; aber was hilft das schon, wenn die falsche Sprechtechnik bestehen bleibt?

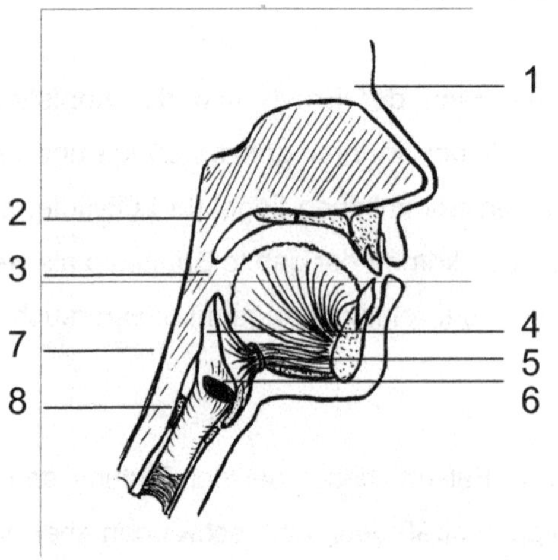

1) Nasenhöhle
2) Rachenraum
3) Kehldeckel
4) Kehleingang
5) Schildknorpel
6) Ringknorpel
7) Speiseröhre
8) Luftröhre

Abbildung 12: Medianschnitt durch Kehlkopf und Ansatzrohr

Beachten Sie bitte:

Der Kehlkopf, Larynx, erfüllt drei Funktionen:

1. **Schutz der Lunge vor Fremdkörpern**
2. **letzte Erwärmung und Befeuchtung der Atemluft**
3. **Stimmorgan**

Der Kehlkopf ist ein Hohlkörper, der sich aus Knorpeln, Bändern, Sehnen, Muskeln, Schleimhäuten und einem Knochen zusammensetzt.

Das Kehlkopfskelett setzt sich zusammen aus:

1. **dem Ringknorpel, Cartilago cricoidea**
2. **dem Schildknorpel, Cartilago thyreidea**
3. **den beiden Gießbecken- oder Stellknorpeln, Cartilago arytenoidea**
4. **dem Kehldeckel, Epiglottis**
5. **dem Zungenbein, Os hyoideum**

Die beiden Muskelwülste bzw. Schleimhautfalten im Kehlkopfinneren sind die Taschenfalte, Plica vestibularis, und die Stimmfalte, Plica vocalis.

Die Stimmlippen sind Schleimhautfalten, die sich um den Stimmlippenmuskel herumlegen.

Den tonerzeugenden Schwingkörper, Ligamento vocale, bilden die beiden äußeren Ränder der Stimmlippen.

Die Spannung und Entspannung, sowie das Öffnen und Schließen der Stimmlippen erfolgt durch die Stellknorpelmuskulatur.

Die aneinander geführten Stimmlippen versetzen die ausströmende Atemluft in gleichmäßige Schwingungen und verwandeln so den Atemstrom in einen Phonationsstrom.

Das Ansatzrohr

Der Raum vom Kehlkopf aufwärts bis zu den Lippen ist das sogenannte Ansatzrohr. Diese Bezeichnung stammt von den Blasinstrumenten, beispielsweise den Klarinetten. Bei ihnen sind, ähnlich wie bei der menschlichen Stimme, Schallquelle und Resonanzräume direkt miteinander verbunden. In diesem Raum wird der im Kehlkopf erzeugte 'Rohstoff-Ton' vergrößert, veredelt und geformt. Die Vergrößerung und Veredelung des Tones geschieht durch die Ausnützung der Resonanzräume, namentlich der Nasen-, Stirn- und Kieferhöhlen (siehe Kapitel 'Die Stimmführung'). Die Ausformung des Tones zu Vokalen und Konsonanten erfolgt durch die beweglichen Teile des Ansatzrohres, durch die Artikulationsorgane Zunge, Gaumensegel, Kiefer und Lippen.

Die Bildung der Vokale wird in erster Linie durch die Lage der Zunge bestimmt, die sich bei den hellen Vokalen 'I', 'Ü' und 'E' nach vorn wölbt, beim 'A' möglichst flach im Mundraum liegt und sich bei den dunklen Vokalen 'O' und 'U' nach hinten aufwölbt. Man spricht daher auch von Vorder-, Mittel- und Hinterzungenvokalen.

Eine wesentliche Rolle spielt bei der Ausformung der Laute 'U', 'O', 'Ü' und 'Ö' die Lippenstülpung. Auch die Kieferöffnung beeinflusst die Vokalbildung erheblich. Sie ist beim 'A' am größten und bei den geschlossenen Vokalen geringer als bei den offenen (siehe auch die Vokaltabelle im Kapitel 'Die Lautschrift' sowie das Kapitel 'Die Vokale' mit den einzelnen Lautbeschreibungen.)

Bei der Bildung und Einordnung der Konsonanten sind drei Faktoren bestimmend: Erstens die Entstehungsart, zweitens der Entstehungsort und drittens die Stimmhaftigkeit oder Stimmlosigkeit.

Die Entstehungsart

An den verschiedenen Stellen des Ansatzrohres werden Hemmungen des Atem- bzw. Phonationsstromes hergestellt, so dass Verschlüsse, Verengungen oder Umleitungen entstehen.

Daher unterscheiden wir bei der Entstehungsart zwischen:

1) den Reibelauten v, f, z, s, ʃ, ʒ, j, ç, x, ʁ
2) den Verschlusslauten b, p, d, t, g, k
3) den Nasallauten m, n, ŋ
4) den Liquiden l, r
5) und dem Hauchlaut h

(Siehe auch die Konsonantentabelle im Kapitel 'Die Lautschrift' sowie das Kapitel 'Die Konsonanten' mit den einzelnen Lautbeschreibungen).

Bei der Bildung der Verschluss- und Nasallaute ist das Gaumensegel entscheidend beteiligt. Unser Gaumendach, Palatum, besteht aus einem vorderen, harten Teil, Palatum durum, und einem sich daran anschließenden weichen, beweglichen Teil, Palatum molle. Da sich dieser bewegliche Teil wie ein Segel nach hinten und oben aufblähen kann - dies geschieht beispielsweise beim Gähnen -, heißt er auch Gaumensegel, Velum palatinum. Er endet in dem deutlich sichtbaren Zäpfchen, das seiner Traubenform wegen den Namen 'Uvulum', von 'uva' 'Traube', führt.

Dieses Gaumensegel nun kann, wenn es angehoben wird, den Nasenraum vom Rachenraum abschließen. Das ist erforderlich, wenn wir einen Verschlusslaut bilden wollen, da sonst der Atem- bzw. Phonationsstrom durch die Nase entweichen würde. Wir können uns diesen Vorgang bewusst machen, wenn wir zum Beispiel das Wort 'Hamburg' sprechen. Beim 'M' hängt das Gaumensegel tief herunter und lässt den Phonationsstrom durch die Nase entweichen, die Lippen sind geschlossen. Bevor wir nun das 'B' bilden, hebt sich deutlich spürbar das Gaumensegel und schließt so den Nasenraum ab. Nun staut sich der Phonationsstrom hinter den Lippen. Diese Kompression lösen wir durch die weiche Öffnung der Lippen. So erhalten wir den Laut 'B'. Der gleiche Vorgang erfolgt zwischen 'N' und 'D' oder 'T', beispielsweise bei dem Wort 'landen' ˈlandən, und bei 'ŋ' und 'G' oder 'K' wie bei dem Wort 'lenken' ˈlɛŋkən.

Der Entstehungsort

Die Entstehungsorte sind (siehe Abbildung 14):

1) an beiden Lippen	m, b, p	Bi-Labiale
2) an Lippen und Zähnen	v, f	Labio-Dentale
3) an den Zahntaschen	n, l, z, s, d, t	Alveolare
4) am harten Gaumen und an den Zahntaschen	ʃ, ʒ	Palato-Alveolare
5) am harten Gaumen	j, ç	Palatale
6) am weichen Gaumen	ŋ, x, g, k	Velare
7) am Zäpfchen	ʀ, ʁ	Uvulare
8) von der Kehle her	h	Guttural

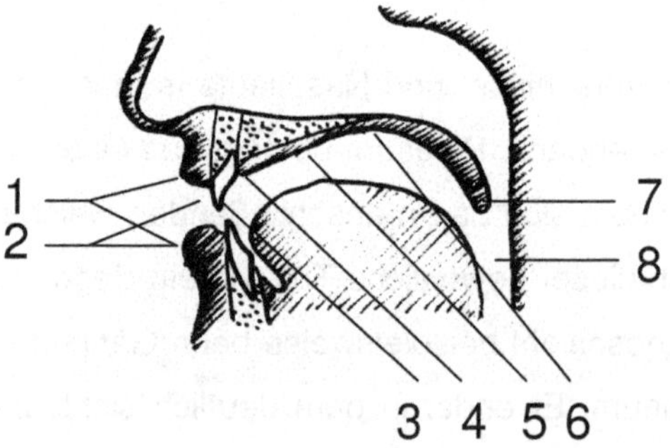

Abbildung 14: Die Artikulationsgebiete

Stimmhaftigkeit oder Stimmlosigkeit

Die Stimmhaftigkeit oder Stimmlosigkeit der Konsonanten - Vokale sind dagegen immer stimmhaft - hat nichts mit deren Bildung im Ansatzrohr zu tun. Es kommt nur darauf an, ob die Stimmlippen im Kehlkopf in Schwingung versetzt werden oder nicht. Streicht der Strom der ausgeatmeten Luft, Expiration, bei weit geöffneter Stimmritze durch den Kehlkopf, so dass die Stimmlippen nicht schwingen, so werden stimmlose Konsonanten gebildet. Soll jedoch ein Vokal oder ein stimmhafter Konsonant gebildet werden, so nähern sich die Stimmlippen im Kehlkopf einander. Dann wird aus dem Atemstrom ein Phonationsstrom, der nun je nach der Einstellung im Ansatzrohr zu dem gewünschten Vokal oder stimmhaften Konsonanten geformt wird.

Sie können diesen Vorgang genau beobachten, wenn Sie mit Daumen und Zeigefinger den vorderen Teil des Schildknorpels, den Adamsapfel, berühren und nun ein 'F' bilden. Der Kehlkopf ist dabei völlig ruhig, und der Atemstrom erzeugt durch die Enge zwischen der Unterlippe und den oberen Schneidezähnen jenes charakteristische Reibegeräusch 'F'. Wollen Sie nun ein 'W', also den ansonsten gleich geformten, jedoch stimmhaften Laut entstehen lassen, so ändert sich an der Mundstellung nichts. Sie fühlen jedoch beim stimmhaften 'W' im Gegensatz zum stimmlosen 'F' deutlich an Daumen und Zeigefinger das Vibrieren des Kehlkopfes. Beim 'W' werden die Stimmlippen aneinander geführt und diese durch den Atemstrom in Schwingung versetzt. Damit wird aus dem Atemstrom ein Phonationsstrom.

Beachten Sie bitte:

Das Ansatzrohr umfasst den Raum vom Kehlkopf aufwärts bis zu den Lippen.

In diesem Raum wird der Ton vergrößert und geformt. Die Vergrößerung und Veredelung des Tones erfolgt durch die Ausnützung der Resonanzräume der Nasen-, Stirn- und Kieferhöhlen.

Die beweglichen und also formenden Teile des Ansatzrohres sind Zunge, Gaumensegel, Kiefer und Lippen. Das Gaumensegel, Velum, ist der hintere, weiche Teil des Gaumendaches. Wird es angehoben, schließt es den Nasenraum vom Rachen- und Mundraum ab.

Die Stimmführung CD Nr. 2

Es ist die Hauptaufgabe jeglicher Sprecherziehung, den Übenden zu einer Stimmführung hinzuführen, die es ihm ermöglicht, mit einem geringen Aufwand an Kraft und Beanspruchung der Stimmwerkzeuge einen möglichst großen und weittragenden Stimmton zu erzeugen. Dies hat eine weitreichende Bedeutung, denn:

Eine fehlerhafte Artikulation ist zwar lästig, weil sie das Verstehen der Wörter erschwert. Eine falsche Stimmführung hingegen ist in hohem Maße gesundheitsschädlich, also gefährlich!

Erste Voraussetzung für eine gute Stimmführung ist eine gute Atemführung. Es ist freilich möglich, längere Zeit trotz schlechter Atmung ganz gut zu singen. Die Stimmlippen bewegen sich in gewohnter Weise. Jedoch werden sie auf diese Weise zu einer übertriebenen Anstrengung gezwungen, um die Schwäche der Atmung auszugleichen. Auf diese Weise entsteht leicht eine Übermüdung der Kehlkopfmuskulatur mit den sich daraus ergebenden Folgeerscheinungen.

Des weiteren kommt es darauf an, den Ton möglichst weit vorn zu bilden, das heißt, die volle Entwicklung des Tones in die Resonanzräume der Nase, der Kiefer- und Stirnhöhle zu legen. Erstens werden dadurch die empfindlichen Schleimhäute des hinteren Rachenraumes geschont und zweitens hat ein vorn gebildeter Ton naturgemäß eine weit größere Tragweite als ein hinten im Hals gebildeter Ton.

Sie werden bei guten Sprechern immer wieder beobachten, dass sie mit geringem Stimmaufwand mühelos große Räume füllen können, weil ihre Stimme trägt. Dagegen erzeugt selbst die größte Kraftanstrengung und Lautstärke bei einer schlecht, das heißt hinten sitzenden Stimme nur Heiserkeit, aber keine Verständlichkeit.

Unser Sprechorgan ist mit einem Saiteninstrument zu vergleichen:

Rachen und Mundhöhle bilden einen rechten Winkel (Abbildung 15).

Abbildung 15

Stellt man sich beides auf eine Linie gebracht vor, so dass sich ein Winkel von 180 Grad ergibt (Abbildungen 16 und 17),

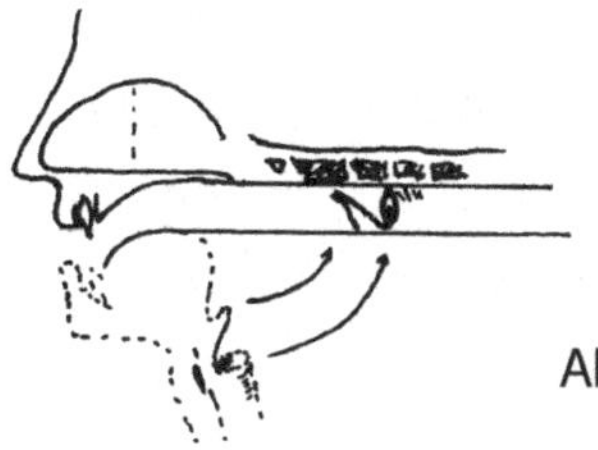

Abbildung 16

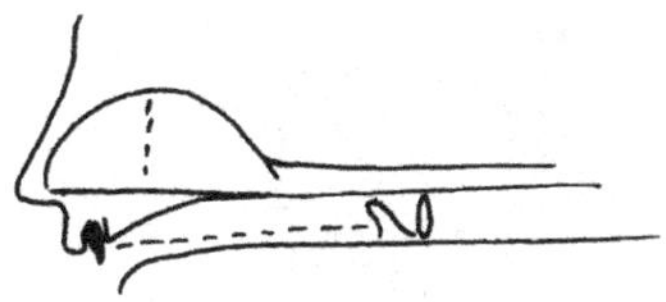

Abbildung 17

sind die Giessbecken- und Stellknorpel mit den Wirbeln (Abbildung 18) und

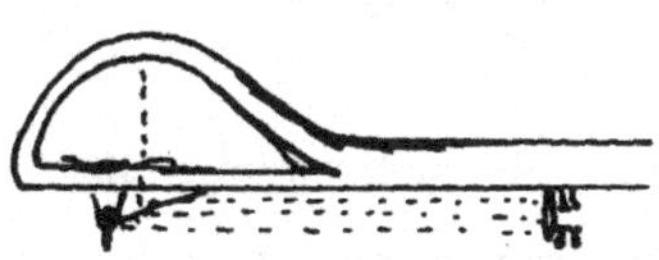

Abbildung 18

der Phonationsstrom mit den Saiten eines Saiteninstruments vergleichbar (Abbildung 19).

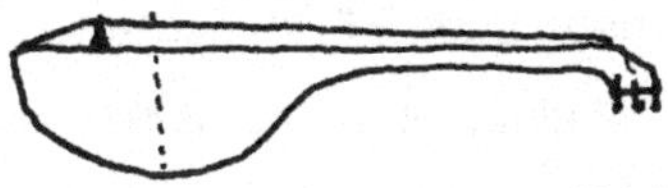

Abbildung 19

Und genau da, wo beim Saiteninstrument der Resonanzkörper ist, haben wir unsere Resonanzräume: den Nasenraum, die Kiefer- und die Stirnhöhle.

Meist ist eine schlecht, das heißt 'im Hals sitzende' Stimme darauf zurückzuführen, dass die Zunge nach hinten gezogen ist (siehe Abbildung 20). Dadurch drückt die Zungenwurzel auf den Kehldeckel, der somit nur halb geöffnet ist. So prallt der Phonationsstrom gegen die empfindlichen Schleimhäute des hinteren Rachens und kann nicht frei nach oben strömen. Es entsteht der klassische Knödel, ein unangenehm gequetscht klingender Ton, wie er von schlechten Tenören in den hohen Lagen gelegentlich zu hören ist. Die Folge ist zunächst, dass der Hals trocken wird und der Redner zu dem berühmten Glas Wasser greift. Der Erfolg der Befeuchtung ist natürlich nur gering, da das Wasser durch die Speiseröhre in den Magen rinnt. Dafür ist die Gefahr, die ohnehin schon geröteten Schleimhäute durch kaltes Wasser vollends zu entzünden, wirklich groß. Also: Öffnen Sie beim Singen und Sprechen Ihren Hals und Rachen weit, und nehmen Sie die Zunge nach vorn (siehe Abbildung 21). Sprechen Sie vorne!

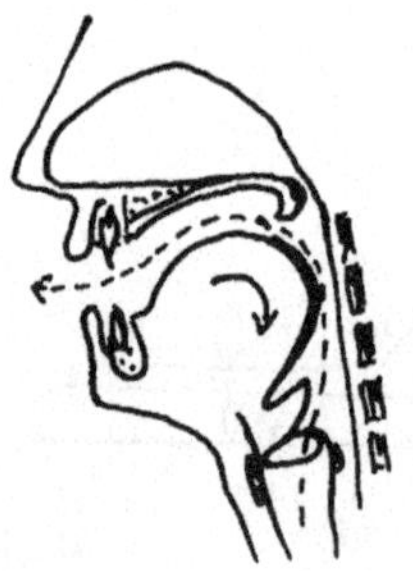

Abbildung 20

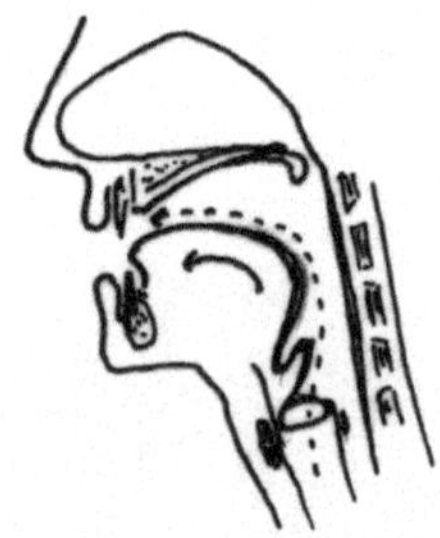

Abbildung 21

Nun werden Sie sich anfangs vielleicht nicht so recht vorstellen können, wie es aussieht und klingt, wenn Sie vorn sprechen. Ich will Ihre Phantasie wecken: Legen Sie ihre Lippen lose aufeinander. Stellen Sie sich vor, sie seien zwei Saiten einer Geige, die mit dem Laut 'M' in Schwingung gebracht werden sollen. Ihre Hals- und Gesichtsmuskulatur ist völlig gelöst. Sie führen den Summton vom Kehlkopf weg nach vorn zu den Lippen.

Wenn Sie dieses 'M' mit einem leichten Kitzelgefühl, einer Vibration, auf den Lippen und darüber hinaus im Nasenraum spüren, dann haben Sie schon einen wesentlichen Schritt getan. Dieser Resonanzraum heißt auch die Maske. Sie können die Maske mit ihrer Hand genau umfassen, wenn Sie die Handwurzel der Hand an das Kinn legen und die fünf Finger ausstrecken. Summen Sie weiter das 'M' vor sich hin und achten Sie dabei auf völlige Entspannung. Es darf keinerlei Druck in der Stimme sein. Damit der einsetzende Stimmton die Stimmlippen nicht aufsprengt, sondern sie behutsam öffnet, setzen Sie davor ein 'H'. Dieses Aufsprengen der Stimmlippen heißt in der Fachsprache Glottisschlag. Setzen Sie das 'H' anfangs stets und bei allen Übungen vor anlautende Vokale. So öffnen Sie die Stimmlippen sanft und schonend.

1. Übung:

hm - m - m   hm - m - m   hm - m - m

Dann bilden Sie den ersten Vokal, indem Sie hinter das 'M' ein kleines 'Ü' schieben. Lassen Sie das 'Ü' wie ein Bällchen aus dem 'M' herausfallen:

2. Übung:

hmʏm - mʏm - mʏm*   hmʏm - mʏm - mʏm   hmʏm - mʏm - mʏm

Auch hier kann wieder die Phantasie helfen: Stellen Sie sich vor, Sie haben eine brennende Kerze vor sich stehen und möchten sie mit dem 'Ü' - und nicht mit der Atemluft - aushauchen.

Nun mögen Ihnen auch die folgenden Vokale leicht gelingen:

3. Übung:

hmʏm - mœm - mɔm - mʊm   hmʏm - mœm - mɔm - mʊm

Zunächst tippen Sie den Vokal immer nur kurz an und kommen schnell zum wohlbekannten und mütterlichen 'M' zurück. Erst wenn Sie den kurzen, offenen Vokalton sicher erreichen, gehen Sie zu den länger gehaltenen, geschlossenen Vokalen über:

---

* für die Erklärung der Lautschriftsymbole siehe Kapitel 'Die Lautschrift'

4. Übung:

hmyːm, hmøːm, hmoːm, hmuːm

Ich habe in der Unterrichtspraxis stets mit den Vokalen 'Ü', 'Ö', 'O' und 'U' begonnen. Sie sind leichter vorn zu bilden als 'I', 'E' und vor allem 'A', das leicht nach hinten rutscht. Dennoch bildet es in vielen Lehrbüchern den Anfang, nur weil es der erste Buchstabe im Alphabet ist.

Nun können Sie die bereits geübten Vokale mit den anderen Konsonanten des vorderen Ansatzgebietes verbinden, das heißt mit den mit und an den Lippen gebildeten Konsonanten m, n, b, p, d, t, f und w:

5. Übung:

myː - byː - møː - bøː - moː - boː - muː - buː

nyː - pyː - nøː - pøː - noː - poː - nuː - puː

vyː - fyː - vøː - føː - voː - foː - vuː - fuː

myː - pyː - møː - pøː - moː - poː - muː - puː

Achten Sie darauf, dass Sie alle Übungen mit gut gestütztem Atem, das heißt mit fest gespannter Bauchmuskulatur, leise und konzentriert ausführen. Lassen Sie dabei die Gesichtsmuskulatur völlig gelöst.

Üben Sie nun mit innerer Leichtigkeit weiter. Nehmen Sie das Wort 'müde'. Es entspricht durchaus dem Zustand völliger Gelöstheit:

6. Übung:

ˈmyːdə, ˈmyːdə, ˈmyːdə, ˈmyːdə.

Dann schließen Sie ganz achtsam das 'Ü' mit dem Hauchlaut 'H' auf, ohne die Stimmlippen aufzusprengen:

7. Übung:

hy: - nəmy: - n hy: - nəmy: - n.

Es empfiehlt sich, dass Sie so lange auf dem 'M' und dem 'N' bleiben, bis Sie auf den Lippen bzw. in der Nase jenes Kitzelgefühl empfinden, das ihnen zeigt, dass der Ton vorn sitzt.

Mit der Bildung der I-Laute ist für viele Menschen die Vorstellung des in die Breite gezogenen Mundes verbunden. Das ist falsch. Es gibt in unserer Sprache keinen Laut, bei dem der Mund über seine normale Ruhestellung hinaus in die Breite gezogen wird. Abgesehen davon, dass ein so in die Breite gezogener Mund unschön aussieht, stellt er eine Verkrampfung der Gesichtsmuskulatur dar, die sich bis zur Hals- und Kehlkopfmuskulatur fortsetzt (siehe Kapitel 'Der Kehlkopf') und den Stimmton gleich wieder nach hinten zieht. Darum seien Sie beim Erarbeiten der I-Laute in hohem Maße achtsam. Auch hier gehen Sie wieder vom wohlbekannten 'my: aus und wandeln das 'y: in das i:, indem Sie nur die Oberlippe leicht anheben, als würden Sie lächeln. Schieben Sie das 'I' gewissermaßen unter die Oberlippe.

8. Übung:

my: - i: - my: - i: my: - i: - my: - i:

Auf ähnliche Weise können Sie sich an das 'A' herantasten. Auch hier bildet die Lautverbindung 'my: eine gute Ausgangsposition. Um ein Zurückrutschen in den Hals zu vermeiden, setzen Sie den palatalen Reibelaut 'J' ein, bei dem der Zungenrücken, wie ja schon der Name sagt, steil an den harten Gaumen gewölbt ist. Dieses 'J' transponiert das 'A' nun wie eine Rutschbahn nach vorn:

9. Übung:

my: - jɑm - y: - jɑm - y: - jɑm - y: - jɑm - y:

Wenn es ihnen gelingt, den zunächst nur kurz angetippten A–Laut sicher vorn zu bilden, dann können Sie ihn allmählich länger halten. Achten Sie darauf, dass er dabei auch wirklich vorn bleibt. Nun sprechen Sie ganz behutsam und vorn:

10. Übung:

"Blüten und Zyanen, - Thymian und Mohn."*

Sollten Sie bemerken, dass bei den Worten 'Zyanen' und 'Thymian' das 'A' wieder zurückrutscht, dann empfiehlt es sich, sogleich die Übung 'myː - jɑm - yː zu wiederholen. So werden Sie allmählich ein Gefühl für den guten Sitz der Stimme bekommen und sich selbst Übungstexte schaffen, bei denen die Nasallaute möglichst häufig erscheinen sollten. Zum Beispiel:

11. Übung:

In meiner Mutter Garten, bei Minz und Majoran,
da soll mir wachsen und blühen die Blume Tulipan.**

Als nützlich und wirksam haben sich auch folgende Übungen erwiesen:

12. Übung:

puː - ə, pyː - ə, piː - ə
Buße, Bluse, Muße,
büße, Füße, Süße,
diese, stieße, ließe.

pu - oː, py - øː, pi - eː
du tobst, du schobst, du probst,
Schnürböden, Frühröte, Glühöfen,
sie geht, sie weht, sie fleht.

pu - ɔ, py - œ, pi - ɛ, pi - ɛː, pi - ɑ, pi - ɑː
du bockst, du stockst, du hockst,
Rührlöffel, Fürwörter, Türschlösser,
die Pest, wie fest, sie wäscht,

* nach dem Gedicht 'Im Grase' von Jos. Weinheber in 'Späte Krone', Seite 90, 1936, Verlag Alb. Langen / Georg Müller, München; dort heißt es 'Glocken und Zyanen', den Text habe ich für Übungszwecke in 'Blüten und Zyanen' geändert.

** Lulu von Strauß und Torney, 'Reif steht die Saat', Eugen Diederichs Verlag, Jena 1935, Seite 151

sie zählt, sie schält, sie wählt,
sie passt, sie fasst, die Last,
sie saß, sie fraß, sie las.*

Um das Stimmvolumen zu vergrößern, setzen Sie die Rufübungen ein. Sie sollen Sie durchaus nicht brüllen, sondern im Gegenteil anfangs behutsam ansetzen. Allein die Vorstellung, mit dem Ton eine größere Entfernung zu überbrücken, wird die Lautintensität steigern. Beginnen Sie mit den Worten:

13. Übung:

'Mühe' ˈmyː-ə 'hüben' ˈhyː-bən

Um den Fährmann zu holen, rufen Sie über den Fluss:

14. Übung:

'Hol' über!' ˈhoː-l ˈyː-bɐ

Dann beginnen Sie mit den Rufen:

15. Übung:

'Hola!' ˈhoː-lɑː 'Heda!' ˈheː-daː 'Halo!' ˈhɑː-loː

Wenn Sie bei diesen Rufübungen die stimmliche Sicherheit erreicht haben, dann können Sie bei gleicher Intensität zu einem geschlossenen Text übergehen. Hierfür hat sich besonders die folgende Stelle aus Schillers "Die Glocke" bewährt:

16. Übung:

Kochend wie aus Ofens Rachen
Glühn die Lüfte, Balken krachen,
Pfosten stürzen, Fenster klirren,
Kinder jammern, Mütter irren,
Tiere wimmern unter Trümmern,

Alles rennet, rettet, flüchtet,
Taghell ist die Nacht gelichtet.

Parallel zu diesen Stimmübungen können Sie selbstverständlich schon mit der Erarbeitung der Vokale (siehe im Teil 'Lautphysiologie' das Kapitel 'Die Vokale') beginnen. Beachten Sie bitte dabei, dass Sie den Atem bewusst und gut stützen und dass Sie wirklich jeden Laut vorn bilden. Sobald Sie bei den Anfangsübungen einen guten Stimmsitz erreicht haben, praktizieren Sie ihn in allen folgenden Sprechübungen. So können ihn möglichst bald auch auf die tägliche Umgangssprache übertragen, denn es ist ja ihr und mein erklärtes Ziel, dass Sie immer vorn sprechen, auch wenn Sie nicht mehr darauf achten.

Um eine ruhige Stimmführung auf gestütztem Atem zu erlangen, empfehle ich Ihnen, sobald es möglich erscheint, Texte in gebundener Rede zu sprechen. Hierfür eignen sich zahlreiche Gedichte. Ich habe oft das wunderschöne Gedicht "Stufen" von Hermann Hesse eingesetzt, oder alternativ auch den Chor aus Schillers Trauerspiel "Die Braut von Messina", I. Akt, 3. Szene:

<u>17. Übung:</u>

Dich begrüß' ich in Ehrfurcht,
Prangende Halle, ---
Dich, meiner Herrscher
Fürstliche Wiege,
Säulengetragenes herrliches Dach.
Tief in der Scheide
Ruhe das Schwert,
Vor den Toren gefesselt
Liege des Streits schlangenhaariges Scheusal.
Denn des gastlichen Hauses
Unverletzliche Schwelle
Hütet der Eid, der Erinnyen Sohn,
Der furchtbarste unter den Göttern der Hölle.

---

* von Jürgen Forchhammer 'Theorie und Technik des Singens und Sprechens', © Breitkopf u. Härtel, Wiesbaden-Leipzig

Atmen Sie dabei nicht wild und irgendwo, sondern da, wo es der Sinn des Textes erlaubt, auch wenn er über das Zeilenende in die folgende Zeile reicht. Artikulieren Sie dabei ganz sauber und bewahren Sie die Ruhe auch bei längeren Passagen.

Beachten Sie bitte:

Nur der vorn, unter Ausnutzung der Resonanzräume gebildete Sprechton ist klangschön, tragfähig und auch bei großer Inanspruchnahme für den Stimmapparat ungefährlich.

Nehmen Sie die Zunge nach vorn. Die Zunge darf nicht nach hinten gezogen werden und auf den Kehldeckel drücken.

Nehmen Sie als Ausgang für alle Stimmübungen das leise auf den Lippen gesummte 'M'.

Achten Sie bei allen Stimmübungen darauf, dass die Gesichts- und Halsmuskulatur völlig locker bleibt.

Seien Sie achtsam bei der Erarbeitung der I-Laute und A–Laute. Das 'I' darf nicht in die Breite gezogen werden, das 'A' nicht in den Hals zurück rutschen.

Wenden Sie den in den Übungen gefundenen vorderen Ansatzpunkt der Sprechstimme von Anfang an auch in allen folgenden Sprechübungen an, damit Sie ihn sobald als möglich auf die tägliche Umgangssprache übertragen können.

Sie haben das Ziel der Stimmbildung erst erreicht, wenn Sie immer und ohne darauf zu achten vorn sprechen.

Die Lautschrift

Es ist eine hinlänglich bekannte und vielfach beklagte Tatsache, dass unser Alphabet zur schriftlichen Darstellung der phonetischen Wirklichkeit unserer Sprache denkbar ungeeignet ist.

Das liegt ganz einfach daran, dass, wie auch in anderen Ländern, die Sprache zuerst da war und die Schrift erst später folgte. Dabei wurde keine eigene Schrift aus dem deutschen Lautstamm geschaffen, statt dessen wurden die Schriftzeichen aus dem Lateinischen übertragen. Daraus mag sich zunächst eine gewisse Deckungsgleichheit zwischen Laut- und Schriftzeichen ergeben haben. Diese ging jedoch im Laufe der Zeit durch die Weiterentwicklung der Sprache verloren.

Heute stehen wir vor der merkwürdigen Situation, für manche Lautverbindungen wie 'TS' mit dem 'Z' und für 'KS' mit dem 'X' eigene Schriftzeichen zu haben, während wir uns bei einheitlichen Lauten wie 'SCH' oder 'CH' mit Zeichenkombinationen behelfen, die nicht nur den Laut nicht ausdrücken, sondern sogar, wie bei 'CH', zwei verschiedene Laute bezeichnen wie in 'ich' und 'ach'.

Es ist interessant zu wissen, dass 'Schule' im Mittelalter tatsächlich 'Skule' ausgesprochen wurde und dass das Schriftzeichen 'C' für unseren heutigen harten Gaumenverschlusslaut 'K' stand. Dieses Zeichen wurde mit einem Häkchen versehen, wenn dieser Laut 'weich' ausgesprochen wurde. So wurde aus dem 'C' ein 'G'. Ein weiterer Hinweis auf eine frühere Schreibweise sind die bekannten Strichlein über den Umlauten 'Ä', 'Ö' und 'Ü'. Sie sind die Überreste eines deutschen 'E' '. So wird noch einmal sichtbar, dass die Umlaute aus 'A', 'O', 'U' und einem 'E' gebildet werden.

Doch hilft uns dieses Wissen herzlich wenig für unsere moderne Rechtschreibung. Sie ist ein Gemisch aus Überlieferung und zuweilen reichlich willkürlichen Regelungen, was die Lage eher noch weiter verkompliziert als vereinfacht.

Ähnlich sieht es bei den Vokalen aus, wo jeweils nur ein Schriftzeichen für zum Teil klanglich sehr verschiedene Laute gegeben ist. Bei den Diphthongen stimmen die Schreibweisen überhaupt nicht mehr. So erschwert die Rechtschreibung die richtige Aussprache erheblich.

Es ist daher naheliegend, auch bei der Sprecherziehung auf die bereits im Jahre 1889 geschaffene Lautschrift zurückzugreifen, wie das bei fremdsprachlichen Lehrbüchern längst gängig ist. Dort, wo bei sprechtechnischen Lehrbüchern auf die Verwendung der Lautschrift verzichtet wurde, und dies ist erstaunlicher Weise durchaus häufig, wurde dieser Verzicht immer mit einem großen Mangel an Genauigkeit bezahlt.

Die Lautschrift ist beim Selbststudium essentiell. Und auch in der Unterrichtspraxis erweist sie sich als grundlegend und hilfreich. Der Übende lernt von vornherein auch optisch zwischen Lautverbindungen und einheitlichen Lauten, zwischen offenen und geschlossenen Vokalen, zwischen stimmhaften und stimmlosen Konsonanten zu unterscheiden. Und schließlich kann mit der Lautschrift jeder Artikulations- oder Aussprachefehler schriftlich genau dargestellt und daher leicht berichtigt werden.

Selbstverständlich ist es eine wesentliche Umstellung von der bisher nur passiv genutzten Lautschrift, etwa bei den Vokabeln der Fremdsprachen, nun zu einem aktiven Gebrauch überzugehen. Der Einsatz lohnt sich und trägt bald Früchte, da mit dem Üben der Lautschrift die Lautung der Muttersprache erstmals wirklich bewusst wird. Es empfiehlt sich, die Kenntnisse der Lautschrift schrittweise mit der Erarbeitung jedes neuen Vokals oder Konsonanten zu erweitert.

Dabei ist es für Lehrer wesentlich, dass sie behutsam vorgehen und möglichst nur schon bekannte Lautschriftzeichen zur Anwendung bringen. Wenn er beispielsweise die 'O'-Laute besprochen hat, kann er in der folgenden Stunde den Schüler bitten, folgende Worte in Lautschrift zu schreiben:

gɔt 'Gott': In der Lautschrift werden alle Buchstaben klein geschrieben. Es erscheint im Gegensatz zur allgemeinen Rechtschreibung nur ein einziges 't', denn das zweite gibt in der Rechtschreibung nur den kurzen Vokal an. Die Kennzeichnung der Länge des Vokals erfolgt in der Lautschrift durch zwei

Punkte nach dem Buchstaben für lange Vokale und durch das Weglassen dieser zwei Punkte für den kurzen Vokal.

loːn 'Lohn': Das 'h' fällt in der Lautschrift weg, denn es zeigt in der Rechtschreibung nur an, dass der vorangehende Vokal 'o' lang ist. In der Lautschrift zeigen die beiden Punkte hinter dem Vokal dessen Länge an.

boːt 'Boot': In der Lautschrift erscheint nur ein 'o'. Es hat zwei Punkte dahinter. Sie geben an, dass der Vokal lang ist. Das zweite 'o' in der Rechtschreibung ist wiederum ein Hinweis auf den langen Vokal.

loːp Hier wird auslautend aus dem 'b' von 'Lob' ein 'p'. Dieser Vorgang heißt Auslaut-Verhärtung. Er wird bei den Verschlusslauten (siehe Kapitel 'Die Verschlusslaute B - P') noch genauer erklärt werden. Die Rechtschreibung gibt auf die Auslautverhärtung keinen Hinweis.

Wir bleiben mit den einzelnen Zeichen der Lautschrift bei jedem der genannten Wörter bei der phonetischen Wirklichkeit. Die Lautschriftzeichen werden ergänzt durch Betonungszeichen. Bei mehrsilbigen Worten steht ein Betonungszeichen vor der betonten Silbe. Die unbetonte oder die unbetonten Silben haben keine weiteren Kennzeichen. Das Zeichen für die Hauptbetonung ist ein kleines senkrechtes Strichlein oben vor der betonten Silbe: 'Mädchen' ist in der Lautschrift 'mɛːtçən. Bei Worten mit mehreren Silben kann es neben einer Hauptbetonung eine Nebenbetonung geben. Dann steht ein kleines senkrechtes Strichlein unten vor der nebenbetonten Silbe: 'Budapest' ist in der Lautschrift 'budɑ,pɛst.

Gerät nun ein langes, geschlossenes 'O' oː in eine unbetonte Silbenstellung, dann bleibt das 'O' geschlossen und die Verlängerungspunkte entfallen. Das 'O' wird kurz. Die geänderte Betonung wird durch das Betonungszeichen vor der zu betonenden Silbe angezeigt. Das Wort 'wo' voː hat ein langes, geschlossenes 'O'. In der Wortzusammensetzung 'womöglich' bleibt das 'o' geschlossen und wird kurz. Es heißt dann: voˈmøːglɪç.

Mit diesen Angaben haben Sie schon einige wesentliche Grundbegriffe für die aktive Nutzung der Lautschrift kennen gelernt. Natürlich ist dieses Praxisbuch kein 'Aussprachewörterbuch der deutschen Sprache'. Sie werden aber mit dem hier gewonnenen Grundwissen leicht in der Lage sein, diesen Büchern die korrekte Aussprache der Wörter zu entnehmen.

An dieser Stelle weise ich Sie darauf hin, dass es keinen verbindlichen Aussprachestandard für die Deutsche Sprache gibt, sondern zwei Bücher, nämlich den SIEBS und den DUDEN. Sie erfüllen beide de facto etwa diese Funktion, stimmen jedoch nicht immer überein.

Ich habe in diesem Praxisbuch die Lautschrift 'Alphabet Phonétique International', abgekürzt: A.P.I., konsequent nach Siebs (19. Auflage, 1969) angewendet und zur besseren Erlernung dieser Schrift im Folgenden eine Tabelle mit Wortbeispielen vorangestellt.

Die Lautschrift der Vokale

Zeichen:	gesprochen:	geschrieben:	Beispiel:	Lautschrift:
ɑ	offen, kurz	a	B**a**ll	bɑl
ɑː	offen, lang	a, aa, ah	B**ah**n	bɑːn
ɐ	kurz, dunkel	r (im Auslaut) er (im Auslaut)	de**r** Led**er**	deːɐ leːdɐ
ɛ	offen, kurz	e, ä	H**e**ld, h**ä**lt	hɛlt
ɛː	offen, lang	ä, äh	M**ä**dchen	ˈmɛːtçən
e	geschlossen, kurz	e	M**e**tall	meˈtal
eː	geschlossen, lang	e, ee, eh	l**e**gen	ˈleːgən
ə	kurz, schwach	e	Gab**e**, g**e**nau	ˈgɑːbe, gənao
ɪ	offen, kurz	ɪ	F**i**sch	fɪʃ
iː	geschlossen, lang	i, ie	L**ie**be	ˈliːbə
i	geschlossen, kurz	i	R**i**vale	riˈvɑːlə
	nichtsilbisch	i	Dahl**i**e	ˈdɑːl i̯ə
oː	geschlossen, lang	o, oo, oh	B**oo**t	boːt
o	geschlossen, kurz	o	s**o**gleich	zoˈglaeç
ɔ	offen, kurz	o	S**o**nne	ˈzɔnə
ʊ	offen, kurz	u	M**u**tter	ˈmʊtɐ
uː	geschlossen, lang	u, uh	M**u**s	muːs
u	geschlossen, kurz	u	Akk**u**m**u**lator, K**u**rier	ɑkumuˈlɑːtɔʁ, kuˈriːɐ
œ	offen, kurz	ö, oe	G**ö**tter	ˈgœtɐ
øː	geschlossen, lang	ö, öh, oe	S**öh**ne	ˈzøːnə
ʏ	offen, kurz	ü, ue, y	M**ü**tter	ˈmʏtɐ
y	geschlossen, kurz	ü, y	parf**ü**mieren	parfyˈmiːrən
yː	geschlossen, lang	ü, üh, ue, y	M**üh**e	ˈmyːə
æ	a mit geschlossenem kurzem e	ei, ai, ay	**Ei**s	ɑes
ao	a mit geschlossenem kurzem o	au	H**au**s	hɑos
ɔø	offenes o mit geschlossenem kurzem ö	eu, äu	H**äu**ser	ˈhɔøzɐ

Die Lautschrift der Konsonanten

Zeichen:	Beschreibung:	geschrieben:	Beispiel:	Lautschrift:
m	bilabialer Nasallaut	m	**M**ahl	maːl
n	alveolarer Nasallaut	n	**N**ote	ˈnoːtə
ŋ	velarer Nasallaut	ng	ju**ng**	jʊŋ
l	stimmhafter alveolarer Fließlaut	l	**L**eib	laep
r	stimmhafter Zungenspitzen-Vibrant	r	**R**ede	ˈreːdə
ʀ	stimmhafter uvularer Vibrant	r	**R**ede	ˈʀeːdə
ʁ	stimmloser uvularer Reibelaut	r	ha**r**t	haʁt
ɐ	vokalisiert im Auslaut von Einsilbern und Endsilbe ...er (siehe Vokaltabelle Seite 46)	r	de**r**, Led**er**	deːɐ leːdɐ
h	Hauchlaut	h	**H**aus	haos
f	stimmloser labiodentaler Reibelaut	f, v	**F**eind	faent
v	stimmhafter labiodentaler Reibelaut	w, v	**W**elt	vɛlt
s	stimmloser alveolarer Reibelaut	s, ss, ß	E**ss**en	ˈɛsən
z	stimmhafter alveolarer Reibelaut	s	**s**ingen	ˈzɪŋən
ʃ	stimmloser palato-alveolarer Reibe-laut mit Lippenstülpung	sch	**sch**ön	ʃøːn
ʒ	stimmhafter palato-alveolarer Reibelaut mit Lippenstülpung	g	**G**enie	ʒeˈniː
j	stimmhafter palataler Reibelaut	j	**j**a	jaː
ç	stimmloser palataler Reibelaut	ch	i**ch**	ɪç
x	stimmloser velarer Reibelaut	ch	a**ch**	ax
b	weicher bilabialer Verschlusslaut	b	**B**är	bɛːɐ
p	harter bilabialer Verschlusslaut	p	**P**ate	ˈpaːtə
d	weicher alveolarer Verschlusslaut	d	**D**ank	daŋk
t	harter alveolarer Verschlusslaut	t	**t**eilen	ˈtaelən
g	weicher velarer Verschlusslaut	g	**g**eben	ˈgeːbən
k	harter velarer Verschlusslaut	k	**K**ind	kɪnt

Die Vokale

Die Erarbeitung der Vokale steht in direktem Zusammenhang mit der Stimmbildung, denn sie sind ja im Wesentlichen die Stimmträger unserer Sprache. Es ist nicht möglich, klangschön, melodisch und mit volltönender Stimme zu sprechen, wenn die Vokale nicht voll und rund ausgebildet werden. Und bei wie wenigen Menschen ist dies gegeben! Meist unterscheiden sie nur geringfügig zwischen offenen und geschlossenen Vokalen. So ergibt sich eine Arte Mehrzweckvokal, der genau zwischen den beiden Möglichkeiten liegt. Dann lässt es sich nur aus dem Satzzusammenhang erahnen, ob es sich beispielsweise um 'Beeren' oder um 'Bären' handelt. Hier kann eine Sprech-Erziehung schnell wirksam einsetzen, denn diese fehlenden Differenzierungen sind ja gewöhnlich nicht die Folge von Unvermögen, sondern von einer fehlenden Schulung und Sensibilisierung für die Kraft und wohltuende Wirkung einer sauberen Vokalbildung.

Die Bildung der Vokale wird im Wesentlichen von der Zungenstellung bestimmt. An dieser Stelle sei von der wichtigen Lippenstülpung bei den Lauten 'U', 'Ü'; 'O' und 'Ö' einmal abgesehen. Beim Bilden des A-Lautes liegt die Zunge möglichst flach im unteren Mundraum. Beim 'I' wölbt sie sich steil zum harten Gaumen empor, und beim 'U' erfolgt die Wölbung nach hinten zum weichen Gaumen (siehe Abbildung 22):

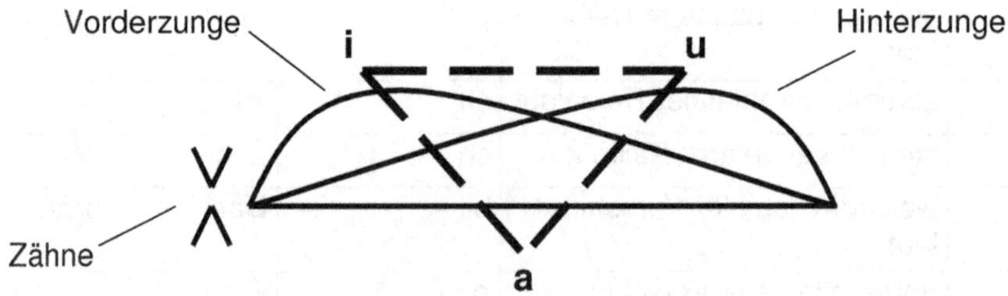

Abbildung 22

Verbinden wir nun diese drei Punkte miteinander, so ergibt sich ein auf der Spitze stehendes Dreieck, in das sich alle Vokale einschließlich der Umlaute, auch Mischlaute genannt, und der Diphthonge, auch Gleitlaute genannt, einfügen lassen.

Das Vokaldreieck

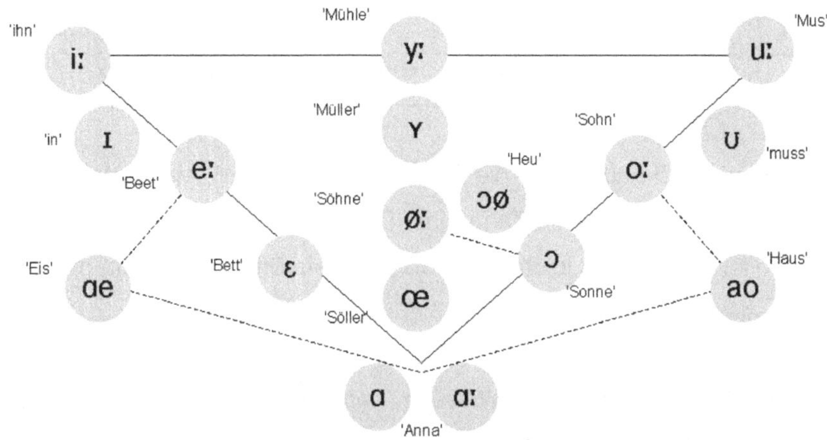

Abbildung 23

Anhand dieses Vokaldreiecks lassen sich sowohl die 'verwandtschaftlichen Beziehungen' der Vokale untereinander als auch alle Unsauberkeiten in der Artikulation erklären. So ist zum Beispiel ein dem geschlossenen 'E' e: nachklingendes 'I' i: darauf zurückzuführen, dass der vordere Zungenrücken nach dem 'E' weiter angehoben wurde und so zur I-Stellung gelangte. So wurde aus 'le:bən 'le:ibən.

Richtig verstanden und klug eingesetzt kann das Vokaldreieck für den Lehrer und für den Lernenden eine große Hilfe bei der Erarbeitung der Vokale und der Beseitigung von Artikulationsfehlern sein.

Wie bereits erwähnt, habe ich nicht mit dem A-Laut begonnen, sondern mit den wesentlich leichter vorn zu bildenden Lauten 'O', 'Ö', 'U' und 'Ü'. So kann der Lernende den durch die Stimmübungen bereits erzielten vorderen Sitz der Stimme auch hier weiter üben und gefährdet ihn nicht unnötig.

Die O-Laute CD Nr. 3

oː	lang, geschlossen	Boot, Sohle, wo, so	boːt, zoːlə, voː, zoː
o	kurz, geschlossen	sogleich	zoˈglaeç
ɔ	kurz, offen	Robbe, Horn, doch	ˈʀɔbə, hɔʀn, dɔx

Bei der Bildung der O-Laute sind die Lippen gerundet und leicht vorgestülpt. Die Zungenspitze liegt an der unteren Zahnreihe. Dies ist die Zungenkontaktstellung. Der Zungenrücken ist nach hinten leicht gewölbt. Die Kieferöffnung ist beim offenen 'O' ɔ etwas stärker als beim geschlossenen o.

Zu vermeiden ist eine zu sehr geschlossene, dem 'U' sich annähernde Aussprache z.B. bei dem Wort 'Dose': 'douzə statt 'doːzə. Hier ist der Zungenrücken zu stark nach hinten angehoben und gerät in die Nähe der U-Stellung (siehe im Kapitel 'Die Vokale' das Vokaldreieck).

Übungen:

oː

Mond, Moos, Mohn, Monat, Monika, Monolog, monoton, Montag, Moped, --- None, Nora, Not, --- Polen, Poker, Pol, Polonius, Pope, Pose, --- Boden, Boot, Bohle, Bochum, bohren, Boje, Bote, --- Fohlen, Folie, Foto, --- wo, wohnen, Woge, wohl.

o

Moral, Morast, Dokument, Foliant, Nomade, Notar, Vokal, wohin, Schokolade.

ɔ

Motto, Most, Moll, Molke, Monstrum, morbid, Morgen, Morpheus, morsch, Moschee, Moskau, Moslem, Motte, --- noch, Nonne, Nonsens, Nord, Norm, Norne, --- Bocholt, Bombe, Bonn, borgen, Borke, Born, Bornholm, Borste, Boss, boxen, --- Polder, Polka, Pollen, Polster, Pomp, Pompeji, Port, Porto, Post, Posse, --- von, vom, --- foppen, fordern, Form, forsch, Forst, forte, Foxtrott, --- Woche, Wolf, Wolke, wollen, Wonne, Wort.

Unterscheiden Sie genau zwischen offenem und geschlossenem 'O':

	oː		ɔ	oː		ɔ	oː		ɔ
oː, ɔ	Mode	---	Motte	wohnen	---	Wonne	Schote	---	Schotte
	Rose	---	Rosse	Hof	---	Hoffnung	Jod	---	Joppe
	Pose	---	Posse	Sohlen	---	sollen	Kohle	---	Koller
	Sohn	---	Sonne	Dom	---	Tom	hohl	---	Holz
	Moos	---	Most	Pfote	---	Pfosten	Lot	---	Lotte

Setzen Sie beim 'O' im Anlaut behutsam mit der Stimme ein. Sprengen Sie nicht die Stimmlippen auf (Glottisschlag). Sprechen Sie anfangs als Übung ein 'H' davor, z.B. h-Ofen, h-offen:

	oː		ɔ	oː		ɔ	oː		ɔ
oː, ɔ	Ofen	---	offen	Opium	---	Optimum	Ostern	---	Osten
	Oder	---	Otter	oben	---	ob	Ohr	---	Ort

Differenzieren Sie auch innerhalb eines Wortes oder einer Wortzusammensetzung genau zwischen offenem und geschlossenem 'O'. Diese Differenzierungs-Übungen eignen sich erfahrungsgemäß entsprechend bei allen Vokalen. Bestimmen Sie jeweils vor dem Sprechen der einzelnen Worte, ob die Vokale offen, geschlossen, kurz oder lang sind. Nur mit dieser Bewusstheit können Sie bewusstes Sprechen erarbeiten.

> Ottomotor, Wochenlohn, Großglockner, Todesopfer, Lokomotive, doppelkohlensaures Natron, Orgelton, Hochzeitsmorgen, Schonkost, Wonnemond, Wohlwollen, Doppelkorn, Ostersonntag, Opposition, Monolog.

Es empfiehlt sich bei allen, auch bei den in diesem Praxisbuch folgenden Übungstexten, die Sätze anfangs langsam, gut gestützt, also vom Zwerchfell her, und bewusst vorn im Mund zu bilden. Artikulieren Sie exakt und sprechen Sie mit sinngenauer Betonung. Danach erhöhen Sie allmählich das Sprechtempo. Bilden Sie dabei die Texte bei voller Bewahrung der erreichten Präzision leicht und umgangssprachlich. So können Sie von vornherein vermeiden, dass sich eine manirierte Sonntaggssprache ergibt.

Übungstexte:

Not kennt kein Gebot.

Borgen macht Sorgen.

Erst prob's, dann lob's.

Wohl erzogen hat selten gelogen.

Freunde in der Not geh'n zwölf auf ein Lot.

Ehre kannst du dir nirgends borgen,
musst schon selber dafür sorgen.

Aus dem hohlen, finstern Tor
dringt ein buntes Gewimmel hervor. (Goethe, Faust I, Osterspaziergang)

Da steh' ich nun, ich armer Tor,
und bin so klug als wie zuvor. (Goethe, Faust I, Studierstube)

Wie einer ist, so ist sein Gott;
drum ward auch Gott so oft zum Spott. (Goethe, Zahme Xenien)

Sollen dich die Dohlen nicht umschrein,
musst nicht Knopf auf dem Kirchturm sein. (Goethe, Zahme Xenien)

Wer wird nicht einen Klopstock loben.
Doch wird ihn jeder lesen? -
Nein! Wir wollen weniger erhoben
und fleißiger gelesen sein. (Lessing, Sinngedichte)

Hurtig mit Donnergepolter
entrollte der tückische Marmor. (Voß, Übersetzung OdysseeXI)

Etwas fürchten und hoffen und sorgen
muss der Mensch für den kommenden Morgen. (Schiller, Braut von Messina)

Der Weise muss zu den Toren gehen,
Sonst würde die Weisheit verloren gehen,
Da Toren nie zum Weisen kommen. (Bodenstedt, Mirza Schaffy, Lieder und Sprüche)

Vergebens predigt Salomo. -
Die Leute machen's doch nicht so. (Busch)

Wird man wo gut aufgenommen,
muss man nicht gleich wiederkommen.

Die Ö-Laute CD Nr. 4

øː	geschlossen, lang	Söhne, öde, Stör	ˈzøːnə, øːdə, ʃtøːɐ
ø	geschlossen, kurz	möblieren, Ödem	møˈblirən, øˈdeːm
œ	offen, kurz	Götter, Mönch, löschen	ˈgœtɐ, mœnç, ˈlœʃən

Die Ö-Laute gehören zur Gruppe der Umlaute, auch Mischlaute genannt. Es vermischen sich zwei Laute, in diesem Fall das 'O' und das 'E' zu einem neuen Laut. Dabei nehmen die Lippen die O-Stellung ein, während sich die Zunge in der E-Stellung befindet. Das sieht so aus: Wenn Sie vom 'E' zum 'Ö' artikulieren, stülpen sich die Lippen vor zur O-Stellung, während die Zunge in ihrer Stellung bleibt. Unternehmen Sie nun die 'Reise' in umgekehrter Richtung, nämlich von 'O' zum 'Ö', bleiben die Lippen vorn, während sich die Zunge zur E-Stellung begibt.

Und hier begegnen wir auch den häufigsten Fehlern. Sie sind die Folge einer Vernachlässigung der Lippenstülpung. So ist zwar die E-Stellung der Zunge gegeben, aber die O-Stellung der Lippen fehlt. Also wird aus ˈbøːzə ˈbeːzə oder beim offenen 'Ö' œ aus ˈtœçtɐ ˈtɛçtɐ. Wird die in der E-Stellung befindliche, also leicht zum Gaumen gewölbte Zunge, nach oben gedrückt, gerät sie in die I-Stellung (siehe im Kapitel 'Die Vokale' das Vokaldreieck), und schon klingt ein unerwünschtes 'I' nach: Aus ʃøːn wird ʃøːin.

Beachten Sie bitte:

Bei allen Mischvokalen (Umlauten) verbindet sich die Zungenstellung des hellen mit der Lippenstellung des dunklen Vokals.

Übungen:

øː	Möwe, mögen, möglich, Möhre, --- nölen, nötig, --- Böden, Böhmen, Böhnchen, böig, böse, --- Föhn, Föhre, Förde, --- Pöbel, --- Vögel, höhnen, Römer, Löwe, dösen, zögern, hören, Kröte, schön, Tröge, Höfe, Söhne, lösen, Flöte, Röte.
ø	Diözese, Homöopathie, möblieren, Ödem, Ökonom, Zölibat.
œ	Mönch, möchten, Mörser, Börde, Börries, Börse, Böttcher, Böschung, Böller, --- Förster, fördern, --- Pöstchen, --- Völker, Völlerei, --- Wöchnerin, wölben, wörtlich, --- gönnen, können, Löffel, plötzlich, Hölle, Söldner, Tölpel, schöpfen, Stöcke, röcheln, Körper, Knöchel.

Unterscheiden Sie präzise zwischen geschlossenem und offenem 'Ö':

	øː		œ	øː		œ
øː,œ	Höhle	---	Hölle	Köder	---	können
	Söhne	---	Söller	böse	---	Böschung
	Röslein	---	Rösslein	lösen	---	löschen
	mögen	---	möchten	Öse	---	Löß

Setzen Sie bei 'Ö' im Anlaut behutsam mit der Stimme ein. Denken Sie ein anlautendes stummes 'H' und vermeiden Sie es so, dass Sie die Stimmlippen aufsprengen (Glottisschlag):

	øː		œ	øː		œ
øː,œ	österlich	---	östlich	Österreich	---	Öttingen
	Öde	---	Öffnung	Ödland	---	Öchslein
	Öfen	---	öfters	Öse	---	örtlich

Von wesentlicher Bedeutung ist die Unterscheidungen zwischen 'Ö' und 'E':

	øː		eː	øː		eː	øː		eː
øː,eː	bösen	---	Besen	Höfe	---	Hefe	Flöte	---	flehte
	lösen	---	lesen	Röte	---	Rede	Böden	---	beten

	œ		ɛ	œ		ɛ	œ		ɛ
œ,ɛ	Hölle	---	Helle	Völle	---	Felle	können	---	kennen
	Röcke	---	Recke	Stöcke	---	Stecken	Wörter	---	Wärter

Ölgötze, böhmische Dörfer, Förderkörbe.

Übungstexte:

Böses muss mit Bösem enden.

Wo Frösche sind, sind auch Störche.

Ein böser Geselle führt den andern zur Hölle.

Wer sich verlässt auf Erdengötter,
schaut im Kalender nach dem Wetter.

Ein königliches Herz fühlt königlich. (Schiller, Turandot)

Die größte Deutlichkeit war immer die größte Schönheit. (Lessing)

Erröten macht die Hässlichen so schön,
und sollte Schöne nicht noch schöner machen? (Lessing, Nathan)

Den Bösen sind sie los, - die Bösen sind geblieben. (Goethe, Faust I)

Ich hab' es öfter rühmen hören,
ein Komödiant könnt' einen Pfarrer lehren. (Goethe, Faust I)

Die U-Laute CD Nr. 5

uː	geschlossen, lang	Schuh, klug, Mus	ʃuː, kluːk, muːs
u	geschlossen , kurz	Akkumulator	ɑkumuˈlɑːtɔʀ
ʊ	offen, kurz	Mutter, Bucht, muss	mʊtɐ, bʊxt, mʊs

Die Bildung der U-Laute erfolgt mit gerundeten und weit vorgestülpten Lippen. Beim geschlossenen 'U' u ist die Lippenstülpung stärker und die Kieferöffnung geringer als beim offenen 'U' ʊ. Die Zungenspitze liegt an den unteren Schneidezähnen, der Zungenrücken ist nach hinten oben gewölbt, beim offenen 'U' geringer als beim geschlossenen. Das Gaumensegel ist gehoben.

Es ist drauf zu achten, dass die Artikulation nicht zu offen gerät und sich so dem 'O' nähert. Dann klingt 'Butter' bʊtɐ wie 'Botter' bɔtɐ. Bei Worten fremder Herkunft ist ein 'U' nach einem 'G', sofern es vor einem hellen Vokal e oder i steht, meist stumm und besagt lediglich, dass das 'G' als Verschlusslaut zu sprechen ist: 'Guerilla' geˈrɪlia, 'Gitarre' giˈtɑʀə.

Übungen:

uː

Muhme, Muli, Mumie, Mure, Muse, Muselmann, Mut, --- Nubien, Nudel, Nugat, nun, nur, Nute, Nutria, --- Bube, Buch, Buche, Budapest, Bude, Bug, Buhle, Buhne, Bure, Busen, Buße, --- Publikum, Pudel, Puder, Puma, pur, Puste, Pute, --- Fuder, Fuge, Furie, Fuß, --- Wucher, Wuchs, Wut.

u

Mulatte, Musik, mumifizieren, mutieren, Akkumulator, Fusion, Kapuziner, Luzern, Puritaner, Universität, zurecht.

ʊ

Mufti, Mulde, Mull, Mumps, Mund, munden, munkeln, munter, murmeln, Muschel, Muskat, Muskel, Mustang, Mutter, --- Null, Nummer, Nuntius, nuscheln, Nuss, Nutzen, --- Bucht, Buckel, buddeln, Buddha, Bulle, Bund, Bunker, Bunzlau, Burg, Burgund, Burma, Bursche, Butter, --- Pudding, Purpur, Pulle, Puls, Pult, Pulver, Pumpe, Punkt, Puppe, purzeln, Putsch, Putte, putzen, --- Fuchs, fuchteln, Fugger, Fund, Funke, Furche, Futter, --- vulgär, Vulkan, --- Wucht, Wulst, Wunde, Wunsch, Wurf, Wurm, Wurst.

Unterscheiden Sie zwischen dem geschlossenen und dem offenen 'U':

uː,ʊ

uː		ʊ	uː		ʊ	uː		ʊ
Muhme	---	Mutter	Krume	---	krumm	Schule	---	Schuld
Nute	---	Nuss	Pute	---	Putz	Rune	---	rund
Mus	---	muss	Bude	---	Butter	Buhle	---	Bulle
Buch	---	Bucht	Fuder	---	Futter	Tube	---	Tulpe
Fuge	---	Fugger	gut	---	Guss	Spur	---	Spurt

Setzen Sie beim 'U' im Anlaut behutsam an. Vermeiden Sie es, die Stimmlippen aufzusprengen (Glottisschlag). Denken Sie wieder ein stummes anlautendes 'H':

uː,ʊ

uː		ʊ	uː		ʊ	uː		ʊ
Uhr	---	Urteil	Urlaub	---	Ulla	Ute	---	Ulme
Ufer	---	Unze	Uhu	---	Ulrich	Usus	---	unter

Die Vorsilbe 'un...' ist stets kurz und betont zu sprechen, während bei der Vorsilbe 'um...' die Betonung wechselt:

unschön, ungenau, unfreundlich, unerfreulich, unfein, ungebildet, unachtsam, unmöglich, Ungeheuer, Unwetter, unwirsch, unwürdig.

der Umstand,	wir umstehen,	umständlich
der Umgang,	wir umgehen,	umgänglich

umformen, umbrechen, umräumen, umsatteln, umwerfen, umleiten.

umbrausen, umkleiden, umflechten, umrunden, umschlingen, umfassen.

Unterscheiden Sie auch innerhalb eines Wortes oder einer Wortzusammensetzung zwischen offenem und geschlossenem 'U':

Hutschnur, Blutspur, Geburtsurkunde, Blutbuche, Museum, Buxtehude, Ruderklub, Fuhrunternehmer.

Übungstexte:

Übermut tut selten gut.

Esel dulden stumm,
allzu gut ist dumm.

Der Dumme trägt das Herz auf der Zunge,
der Kluge trägt die Zunge auf dem Herzen.

Zuweilen hinterlässt ein dummer Schuh unauslöschliche Spuren.

Dummheit ist immer Natur, - Klugheit ein Kunstprodukt.

Seit außer Kurs die Tugend ist, kursiert der Rubel sehr.

Mit Dummheit allein kommt man noch nicht durch,
man braucht auch noch ein bisschen Frechheit dazu.

Fremde Hütten hocken durstig an versumpften Brunnen. (Rilke, Kornett)

Kunst bringt Gunst, - wenn umsunst.

Lug und Trug ist der Welt Acker und Pflug.

Demut, diese schöne Tugend,
ehrt das Alter und die Jugend.

Mut zeigt auch der Mameluck.
Gehorsam ist des Christen Schmuck. (Schiller, Kampf mit dem Drachen)

Kein Schurke ist so dumm, dass er nicht
einen Grund für seine Niederträchtigkeiten fände. (Körner, Josef Heyderich)

In der Kunst ist das Beste gut genug. (Goethe, Italienreise)

Ein guter Mensch in seinem dunkeln Drange
ist sich des rechten Weges wohl bewusst. (Goethe, Faust I, Prolog im Himmel)

Über den Einwurf eines Gescheiten lässt sich streiten.
Bei der Entgegnung eines Dummen muss man verstummen. (Fulda)

Es saust der Stock, es schwirrt die Rute,
du sollst nicht scheinen, was du bist.
Wie schad', o Mensch, dass dir das Gute
im Grunde so zuwider ist. (Busch)

Die Ü- Laute CD Nr. 6

yː	geschlossen, lang	Mühe, müde, für	ˈmyːə, ˈmyːdə, fyːɐ
y	geschlossen, kurz	Büro, amüsieren	byˈroː, amyˈziːʀən
ʏ	offen, kurz	Mütter, fünf, Büsche	ˈmʏtɐ, fʏnf, ˈbʏʃə

So wie die Ö-Laute, gehören auch die Ü-Laute zur Gruppe der Mischlaute. Hier verbinden sich 'U' und 'I' zum 'Ü'. Also nehmen die Lippen die U-Stellung ein, das heißt: Sie sind bei geringer Öffnung gerundet und stark vorgewölbt. Die Kieferöffnung ist klein, beim offenen 'Ü' ʏ etwas größer. Die Zunge befindet sich in der I-Stellung, die Zungenspitze hat Kontakt mit den unteren Schneidezähnen. Der Zungenrücken richtet sich steil gegen den harten Gaumen und lässt nur eine schmale Mittelpassage frei.

Auch hier führt eine Vernachlässigung der Lippenstülpung zu einer Fehlartikulation. Aus dem 'Ü' wird ein 'I': Aus ˈmyːdə wird ˈmiːdə.

Wird beim offenen 'Ü' ʏ die Kieferöffnung übertrieben, nähert es sich dem œ: Aus ˈglʏk wird ˈglœk.

Bei Worten griechischen Ursprungs wird das 'Ypsilon' stets als 'Ü' gesprochen.

Übungen:

yː

Mühe, müde, Mühle, müßig, --- Nüster, --- Bügel, Bühne, --- fügen, fühlen, führen, für, Fürsprache, --- wühlen, Wüste.
blühen, glühen, pflügen, Rügen, Brühe, Frühe, Züge, Lüge, Güte, Gestüt, rühmen, rühren.

y

amüsieren, Büro, Libyen, Labyrinth, Lyzeum, Püree, Pyjama, Pyramide, Pyrenäen, Zypresse.

Y

Mücke, Müll, Müller, münden, mündig, Münster, Münze, mürbe, müssen, Mütter, Mütze, --- nüchtern, Nürnberg, nützen, --- Büsche, Büchse, Büffel, Bündnis, Bürde, Bürger, Bürschchen, Bürste, Büste, Bütte, --- pünktlich, --- füllen, fünf, fürchten, Fürst, Fürth, füttern, --- wünschen, Würde, Würfel, würgen, Würze, wüsste.

Vermeiden Sie es, beim 'Ü' im Anlaut die Stimmlippen aufzusprengen (Glottisschlag). Setzen Sie mit der Stimme behutsam ein mit einem stummen 'H':

yː,Y

Übel, üblich, üben, Übung, üppig, übrig.

Unterscheiden Sie zwischen dem geschlossenen und dem offenen 'Ü':

yː,Y

yː		Y	yː		Y	yː		Y
pflügen	---	pflücken	fühlen	---	Fülle	Schüler	---	schütten
glühen	---	Glück	Wüste	---	wüsste	büßen	---	Büste
lügen	---	Lücke	Rügen	---	Rücken	Hüte	---	Hütte
Mühe	---	Mücke	Bühne	---	bündig	müde	---	Mütter
Züge	---	zücken	Flüche	---	flüchten	Krüge	---	Krücke

Nun folgen einige Worte griechischen Ursprungs mit einem Ypsilon. Sprechen Sie das Ypsilon immer als 'Ü':

yː,Y

yː		Y	yː		Y
Mykenä	---	Myrte	Pythagoras	---	Pyrrhus
Mythe	---	mysteriös	Python	---	Sibylle
Mythos	---	Mystik	Psyche	---	Hyperion
Byzanz	---	Nymphe	Labyrinth	---	Satyr
Pylades	---	Pygmalion	Libyen	---	lynchen
Pyramide	---	Pygmäen	Eurydike	---	Hypnose

Unterscheiden Sie auch bei zusammengesetzten Worten genau zwischen offenem und geschlossenem 'Ü':

yː,ʏ Blütendüfte, Wüstenwind, übermütig, Lügenfürst, Frühlingslüftchen, überglücklich, Südfrüchte, überpünktlich.

Von wesentlicher Bedeutung ist eine präzise Unterscheidung zwischen 'Ü' und 'I':

yː,iː

yː		iː	ʏ		ɪ
Bühne	---	Biene	pflücke	---	flicken
Züge	---	Ziege	Rücken	---	Ricke
Lüge	---	Liege	zücken	---	Zicke
Rüge	---	Riege	schüchtern	---	schichten
Süden	---	sieden	Gerücht	---	Gericht

Übungstexte:

Wie glücklich würde mancher leben,
wenn er sich um anderer Leute Sachen so wenig kümmerte
wie um seine eigenen. (Lichtenberg)

Über manche Gedankenlücke bilden Zitate die Eselsbrücke. (Fulda)

In der Kürze liegt die Würze.

Brüder haben ein Geblüte, selten aber ein Gemüte. (Logau)

Wer im Frieden sich wünschet den Krieg zurück,
der ist geschieden vom Hoffnungsglück. (Goethe)

In einem kühlen Grunde,
da geht ein Mühlenrad. (Eichendorf)

Dem Betrübten ist übel geigen.
Dem Feigen kehrt das Glück den Rücken.

Kein Bündnis ist mit dem Gezücht der Schlangen. (Schiller)

Was darüber ist, das ist vom Übel. (Matthäus)

Es war, als hätt' der Himmel die Erde still geküsst,
dass sie im Blütenschimmer von ihm nun träumen müsst. (Eichendorf)

Genießt die Minute, so lange sie glüht!
Der Frühling verwelkt und die Liebe verblüht. (Geibel)

Verwelkt, entblättert, zertreten sogar
von rohen Schicksalsfüßen -
mein Freund, das ist auf Erden das Los
von allem Schönen und Süßen. (H. Heine)

Das Glück ist eine leichte Dirne,
Sie weilt nicht gern am selben Ort;
Sie streicht das Haar dir von der Stirne
Und küsst dich rasch und flattert fort.
Frau Unglück hat im Gegenteile
Dich liebefest ans Herz gedrückt;
Sie sagt, sie habe keine Eile,
Setzt sich zu dir ans Bett und strickt. (H. Heine)

Wenn andre klüger sind als wir,
das macht uns selten nur Pläsir.
Doch die Gewissheit, dass sie dümmer,
erfreut fast immer. (W. Busch)

Enthaltsamkeit ist das Vergnügen
an Sachen, welche wir nicht kriegen. (W. Busch)

Die E-Laute CD Nr. 7

eː	lang, geschlossen	legen, Ehre, See	ˈleːgən, eːʀə, zeː
e	kurz, geschlossen	Melone, Metall	meˈloːnə, meˈtɑl
ɛː	lang, offen	Käse, wählen	ˈkɛːzə, ˈvɛːlən
ɛ	kurz, offen	Held, hält	hɛlt, hɛlt
ə	kurz, schwach	Gabe, genau	ˈgɑːbə, gəˈnɑo

Die deutsche Sprache kennt fünf verschiedene E-Laute, die in ihrer Lautqualität zum Teil sehr unterschiedlich sind.

Beim langen, wie auch beim kurzen geschlossenen 'E' ist die Mundöffnung gering, die Lippen sind leicht, fast lächelnd, geöffnet. Sie werden aber nicht in die Breite gezogen. Die Zungenspitze hat Kontakt mit den vorderen, unteren Schneidezähnen, der Vorderzungenrücken wölbt sich nach vorn. Das Gaumensegel ist, ohne einen völligen Verschluss zu bilden, gehoben.

Dieses 'E' darf einerseits nicht zu geschlossen gebildet werden, damit es nicht an den I-Laut anklingt und es beispielsweise ˈleːibən heißt statt ˈleːbən. Andererseits, und dieser Fehler ist weit häufiger, darf es auch nicht zu offen gesprochen werden. Dadurch entsteht in der Umgangssprache eine Art Mehrzweck – E, das irgendwo zwischen offen und geschlossen liegt. Dabei ist es dem Sprecher oft nicht einmal bewusst, welches 'E' nun tatsächlich zu sprechen sei. Es heißt 'erstens' ˈeːʀstəns und nicht ˈɛːʀstəns, aber 'täglich' ˈtɛːklɪç und nicht ˈteːklɪç.

Das lange, offene 'E' ɛː entspricht dem Umlaut 'Ä'. Hier gilt die Regel, dass Lippen und Kiefer die Stellung des A-Lautes und die Zunge die des geschlossenen E-Lautes e einnehmen. Wird die Kieferöffnung vernachlässigt, das heißt der Kiefer zu wenig geöffnet, klingt ˈmɛːtçən wie ˈmeːtçən, und aus ˈkɛːzə wird ˈkeːzə.

Beim kurzen, offenen 'E' ɛ erscheint in der Rechtschreibung sowohl ein 'E' als auch ein 'Ä', wie wir dies am Beispiel von 'Eltern' und 'älter' sehen. Ein Unterschied in der Aussprache beider Schreibweisen besteht nicht.

Erhöhte Aufmerksamkeit ist dem kurzen, schwachen, sogenannten Nebensilben – 'E' ə zu widmen, das in der Tonfärbung ganz leicht zu offenen 'Ö' œ neigt. Wird dieses Nebensilben - 'E' in Vorsilben meist gut und deutlich gesprochen, wie etwa in dem Wort 'genau', so besteht bei Nachsilben die Neigung, es zu verschlucken. Dann wird daraus statt ˈgeːbən ein ˈgeːbm oder gar ˈgeːm.

Übungen:

eː	Medium, Meer, mehr, Mehl, Met, Meter, --- Nebel, neben, Neger, nehmen, Nero, --- Beere, Beet, beten, Besen, --- Pegel, Pelikan, --- Feder, Fee, fegen, Fehler, --- Vene, Venus, Vera, --- weben, Wedel, weder, wegen, Weh, Wehr, wen, wenig, wer, werden, Wesen.
e	Medaille, Medikament, Median, Melisse, Melodie, Melone, Meran, Metall, Metronom, --- Beton, --- Pedant, Pedal, --- Vehikel, Vesuv, Veteran.
ɛː	Märchen, Mägde, mähen, Mähne, mäkeln, mäßig, --- nächst, nähen, nämlich, --- Bär, --- fähig, Fähre, --- wägen, wählen, wähnen, währen, Währung, --- täglich.
ɛ	Mekka, melden, melken, Memme, Menge, Mensch, merken, messen, Messer, mästen, Messing, Mette, Metzger, --- Neckar, Neffe, Nelke, nennen, Nerv, Nerz, Nest, nächtlich, --- Bäcker, bändigen, Becher, Becken, bellen, Berber, Berg, Bett, Bettler, --- Pelz, Pendel, Perle, Pest, --- Fächer, Fenster, --- Vesper, --- Wächter, Wecker, Welle, Welt, wenden, wenn.

Unterscheiden Sie genau zwischen geschlossenem und offenem 'E':

	e:		ɛ:	e:		ɛ
e:,ɛ:	stehlen	---	stählern	Erz (Metall)	---	Erz (-bischof)
	Meer	---	Mär	Geest	---	Geste
	Reeder	---	Räder	Regen	---	recken
	Segen	---	sägen	legen	---	lecken
	Feder	---	Väter	Heer	---	Herr

Das lange, geschlossene 'E' der Pronomina 'er', 'der', 'den', und 'dem' kann auch, insbesondere bei schnellem Sprechen, kurz werden. Dabei bleibt es stets geschlossen:

	e:		ɛ	e:		ɛ	e:		ɛ
e:,ɛ	wen	---	wenn	er	---	es	wer	---	wessen
	den	---	denn	der	---	des	dem	---	dessen

Vermeiden Sie es, beim offenen und geschlossenen 'E' im Anlaut die Stimmlippen aufzusprengen (Glottisschlag). Setzen Sie mit der Stimme achtsam ein:

e:		ɛ	e:		ɛ	e:		ɛ:
Emil	---	Emma	Elend	---	Ärger	Ethos	---	Äther
Esel	---	Espe	Eva	---	äffen	edel	---	ähnlich
Erde	---	ärmlich	erster	---	Äste	Ehre	---	Ähre
Ekel	---	echt	Eber	---	essen	Efeu	---	ähneln

Das Nebensilben-E ə darf weder in Vor- noch in Nachsilben unterschlagen werden. Es darf zum geschlossenen 'E' 'e' hin tendieren, jedoch nie zum offenen 'ɛ':

ə

genau, gemacht, Gespött, Geschrei, befragt, belustigt, bekannt.
Haben, sagen, finden, sehen, lassen, loben, lieben, fragen.

Sprechen Sie die unbetonten Vorsilben 'er-', 'ver-', 'zer-', 'emp-' und 'ent-' stets mit offenem 'E' ɛ:

ɛ

erklären	verzieren	zerlumpt	empfinden	entdecken
erwidern	vermuten	zerstreuen	empfangen	entwirren
erkennen	verwildern	zerklüftet	empfehlen	enträtseln
erbauen	verwüsten	zerzaust	empören	entsetzen
ermuntern	vernichten	zerrissen	Empfänger	entbehren

Folgt auf eine unbetonte Vorsilbe ein Vokal, so setzen Sie mit der Stimme neu ein, und dies wiederum möglichst ohne Glottisschlag:

ə

ge|endet	er|örtern	ver|öden	ent|arten
geordnet	erübrigen	verunzieren	entölen
geöffnet	erarbeiten	veranstalten	enteilen
geübt	erinnern	verirren	enterben
geatmet	ereignen	veräußern	entehren

Bei 'eːʀ' oder 'ɛʀ' ist zu unterscheiden, ob es sich um das Pronomen 'er' handelt - dann ist das 'E' lang und geschlossen - oder um die Vorsilbe er- . Bei der Vorsilbe ist das 'E' kurz und offen.

eː,ɛ

eː	ɛ	eː	ɛ
er geht	ergeht	er schlägt	erschlägt
er lebt	erlebt	er hebt	erhebt
er trinkt	ertrinkt	er hört	erhört

Auch wenn ein Wort mehrere Nebensilben hat, sind sie alle sauber zu artikulieren. Die Betonung liegt dabei stets auf der Stammsilbe:

ə

gegebenen	verwirrende	begreifenden
belesene	zerknitterte	ereifernden
betrunkenen	erfrierenden	zerschneidenden
erschreckenden	empfindenden	gereinigten

Unterscheiden Sie zwischen geschlossenem und offenem 'E' auch bei Wortzusammensetzungen:

> Meereswellen, Schneebesen, Seelenleben, Beerenlese, Federlesens, ebenmäßig, wesensmäßig, demgemäss, Sägemehl, Räderwerk, Leberkäse, Spätlese, demnächst, schwerbeschädigt.

Übungstexte:

Neue Besen kehren gut. (W. Grimm)

Geben ist seliger denn Nehmen.

Man hält gerne seine eigenen Gänse für Schwäne.

Mäßiges Glück währt am längsten.

Gott lässt genesen, der Arzt kassiert die Spesen.

Er muss einsehen, dass er als Erstes täglich seine Medikamente einnehmen muss.

Wer entbehrt die Ehe,
lebt weder wohl noch wehe.

Seiner Gegner Fehler soll man kennen, aber sie niemals benennen.

Weniger wäre mehr.

Denn du bist Erde und sollst zu Erde werden. (Bibel, 1. Moses)

Was die heulende Tiefe da unten verhehle,
das erzählt keine lebende glückliche Seele. (Schiller, der Taucher)

Und es herrscht der Erde Gott, das Geld. (Schiller, An die Freunde)

Es erben sich Gesetz und Rechte wie eine ew'ge Krankheit fort. (Goethe, Faust I)

Ein edler Mensch zieht edle Menschen an
und weiß sie festzuhalten. (Goethe, Torquato Tasso)

Der Menschen Sünden leben fort in Erz;
ihr edles Wirken schreiben wir in Wasser. (Shakespeare, Heinrich VIII)

Denn aus der Kräfte schön vereintem Streben
erhebt sich, wirkend, erst das wahre Leben (Schiller, Huldigung der Künste)

Eifersüchtig sind des Schicksals Mächte.
Voreilig Jauchzen greift in ihre Rechte.
den Samen legen wir in ihre Hände,
ob Glück, ob Unglück aufgeht, lehrt das Ende. (Schiller, Wallenstein)

Willst Du Welt und Menschen recht verstehn,
musst du ins eigne Herz dir sehn;
willst du dich selbst recht kennen lernen,
musst du dich aus dir selbst entfernen. (Bodenstedt)

Verwandte gibt's, die ganz und gar
uns aus den Augen kämen,
wenn sie nicht einmal jedes Jahr
uns etwas übel nähmen. (Fulda)

Die I-Laute CD Nr. 8

iː	lang, geschlossen	Liebe, ihn, mir	liːbə, iːn, miːɐ
i	kurz, geschlossen	Rivale, vielleicht	ʀiˈvɑːlə, fiˈlæçt
ɪ	kurz, offen	Fisch, Kirche	fɪʃ, ˈkɪʀçə
	nichtsilbisch	Dahlie	ˈdɑːliə

Bei der Bildung der I-Laute ist die Mundöffnung sehr gering. Beim offenen 'I' haben wir eine mittlere Mundöffnung. Die Lippen nehmen eine fast lächelnde Stellung ein. Dabei ist die Oberlippe leicht angehoben. Auf keinen Fall darf der Mund in die Breite gezogen werden. Die Zungenspitze berührt die vorderen, unteren Schneidezähne, der Vorderzungenrücken ist sehr hoch gewölbt, noch steiler als bei den E-Lauten; doch ist darauf zu achten, dass durch zu starke Verengung kein Reibegeräusch am harten Gaumen entsteht. Dann nähert sich das 'I' dem 'J', was besonders leicht beim nichtsilbischen 'I' geschieht. Für diesen Laut gibt es meines Wissens kein gültiges Lautschriftzeichen. Beispiel für das nichtsilbische 'I' sind 'Dahlie', 'Piano' und 'Rebellion'. Bei zu starker Verengung wird aus 'Dahlie' ˈdɑːliə ˈdɑːljə'.

Wird das 'I' zu offen gesprochen, das heißt: der Zungenrücken zu wenig gehoben, nähert sich das 'I' dem 'E', aus ˈvɪsən wird ˈvɛsən. Auch besteht besonders vor 'R' und 'SCH' durch Vorwegnahme der Lippenstülpung die Tendenz um 'Ü' hin. Dann wird aus 'Kirsche' 'Kürsche' und aus 'polnisch' 'polnüsch'. Gerät ein langes, geschlossenes 'I' iː in unbetonte Silbenstellung, wird es zwar kurz, bleibt aber geschlossen: 'viel' ˈfiːl, 'vielleicht' fiˈlaeçt.

Übungen:

iː

Mieder, Miene, Miete, Mime, Mine, minus, mir, Mitra, --- nieder, Nil, niemand, Niere, niesen, Niete, --- Bibel, Biber, bieder, biegen, Biene, Bier, Bison, --- piepen, Pike, --- Fibel, Fieber, --- Vieh, vier, viel, Vieper, Virus, --- wieder, wider, Wiege, wie viel.

i

Migräne, Mikado, Mikrobe, Minute, Mirakel, --- Niveau, --- bigott, Pirat, -- Fiaker, Figur, Finale, --- Vikar, Viola, vital.

ɪ

mich, Michel, Milbe, Milch, mild, minder, Minne, Minze, mischen, Mispel, Mist, mit, mithin, Mitte, --- nicht, Nickel, nimmer, nisten. Bild, billig, bin, bis, bist, binden, Birke, Birne, Bistum, bitten, bitter, --- picken, Pilger, Pille, Pilz, Pinsel, Pirsch. Fichte, Film, Filter, Filz, finden, Finger, Fink, finster, --- Villa, Wicht, Widder, Wild.

Unterscheiden Sie präzise zwischen offenem und geschlossenem 'I' :

iː,ɪ

iː		ɪ	iː		ɪ	iː		ɪ
fliegen	---	flicken	Schiene	---	schinden	schieben	---	schippen
Riege	---	Ricke	Miene	---	Minne	Stiel	---	still
Tiger	---	ticken	Sieb	---	Sippe	Kies	---	Kissen
Liebe	---	Lippe	Bier	---	Birne	lies	---	Liste
Riese	---	Risse	vier	---	Firn	mies	---	Mist

Setzen Sie bei 'I' im Anlaut mit der Stimme behutsam möglichst ohne Glottisschlag ein. Denken Sie wieder das stumme anlautende H:

iː,ɪ

iː		ɪ	iː		ɪ
irisch	---	iridisch	Isar	---	Insel
Igel	---	Iltis	Ida	---	Ibsen
ihn	---	in	Iglu	---	Iffland
ihr	---	irr	Iran	---	Inder
ihm	---	Imme	Iris	---	Irrlicht

Bitte beachten Sie die Verschiedenheit der Aussprache von 'vier':

	iː		ɪ	iː		ɪ
iː,ɪ	vier	---	Viertel	vierteilen	---	vierzig
	Vierte	---	vierzehn	Vierung	---	Vierziger

Unterscheiden Sie auch bei Wortzusammensetzungen und I-Häufungen zwischen geschlossenem und offenem 'I':

Investition, instinktiv, inliegend, irritieren, Bikini, vierundvierzig, Stiefkind, diktieren, improvisieren.

Übungstexte:

Wo das Auge nicht sehen will,
da helfen weder Licht noch Brill'.

Hinter dem Gitter schmeckt auch der Honig bitter.

Das Ich und Mich, das Mir und Mein
regiert in dieser Welt allein.

Ich reiche Ihnen bittere Pillen in süßem Zuckerguss.
Die Pillen sind unschädlich,
das Gift steckt in der Süße. (Lec*)

Das Alter macht nicht kindisch, wie man spricht,
es findet uns nur noch als wahre Kinder. (Goethe, Faust I)

Es steht ihm an der Stirn geschrieben,
dass er nicht mag eine Seele lieben. (Goethe, Faust I)

[1] Stanislaw Jerzy Lec, poln. Lyriker 1909-66), Gedichtband „Unfrisierte Gedanken“, Verlag: Carl Hanser Verlag, München

Der Liebe leichte Schwingen trugen mich;
kein steinern Bollwerk kann der Liebe wehren,
und Liebe wagt, was irgend Liebe kann. (Shakespeare, Romeo und Julia)

Es ist keine List über Frauenlist.

Es gibt gewisse Dinge, wo ein Frauenzimmer
immer schärfer sieht als hundert Augen der Mannspersonen. (Lessing, Der Freigeist)

Hoher Sinn liegt oft in kind'schem Spiele. (Schiller, Wallenstein)

Man spricht vom vielen Trinken stets,
doch nie vom vielen Durste. (Scheffel, die drei Dörfer)

Klingt im Wind ein Wiegenlied,
Sonne warm hernieder sieht. (Storm)

Mit gift'gem Weib ist lebenslang gequält,
wer sich ein Weib der Mitgift wegen wählt;
denn Gift bleibt Gift, von welcher Art es sei,
und solche Hochzeit ist - Giftmischerei. (H. Hoffmann)

Die Leute sagen immer,
die Zeiten werden schlimmer!
Die Zeiten bleiben immer,
die Menschen werden schlimmer.

Hass als Minus und vergebens
wird vom Leben abgeschrieben.
positiv im Buch des Lebens
steht verzeichnet nur das Lieben.
ob ein Minus oder Plus
uns verblieben, zeigt der Schluss. (W. Busch)

Die A-Laute CD Nr. 9

ɑː	lang	Tat, Saat, kahl	tɑːt, zɑːt, kɑːl
ɑ	kurz	Mann, Schatten	mɑn, ʃɑtən

Bei den A-Lauten ist in der deutschen Sprache die Lautqualität zwischen offenem und geschlossenem 'A' so gering, dass auf eine besondere phonetische Bezeichnung verzichtet wird und wir lediglich zwischen langem und kurzem 'A' unterscheiden.

Die A-Laute erfordern für ihre Bildung den meisten Raum. Der Mund ist etwa eine Daumenbreite geöffnet, also nicht weit aufgerissen, und die Lippen sind gelöst. Die Zungenspitze berührt die unteren Schneidezähne. Der Zungenrücken liegt flach im Unterkiefer, das Gaumensegel ist gehoben.

Es ist darauf zu achten, dass sich die Hinterzunge beim A-Laut nicht hebt, wie es besonders leicht vor der Bildung des 'L' geschieht. Dadurch entsteht sonst der sogenannte "Knödel".

Wesentlich ist es ferner, dass die A-Laute nicht gequetscht, sondern klar ausgesprochen werden. Jede Annäherung an das 'O', 'Ä' oder das offene 'Ö', wie dies in zahlreichen Dialekten üblich ist, ist zu vermeiden.

Übungen:

ɑː

Maas, Maat, Made, Magd, Magen, Mahl, mahnen, Makel, mal, Maler, Maser, --- Nabe, nach, Nadel, Nagel, nagen, nahen, Name, Nase, Nathan, Natron, --- Babel, Bad, Bahn, Bahre, Banane, Barbar, Bariton, Base, Batik, --- Paar, Page, Pan, Panik, Papst, Parade, --- Fabel, Faden, fahl, Fahne, Fahrt, Faser, fatal, --- Vater, --- Waage, Wabe, Wahl, Wahn, wahr, Ware.

ɑ

Macht, machen, Magnet, Major, Malta, Malve, Malz, Mann, Mandel, Mantel, Mappe, Mark, Marmor, Mars, Maschine, Maske, --- Nachbar, Nachen, Nacht, Narbe, nass, Natur, --- Bach, Backe, bald, Balg, Balken, Ball, Barsch, Bass, Bast, --- Pack, Paket, Palme, Panne, Pappe, Park, --- Fackel, Falke, Fall, falsch, falten, Farbe, Farm, fast, --- wach, Waffe, Wall, Walross, walten, Walze.

Unterscheiden Sie zwischen langem und kurzem 'A':

ɑː,ɑ

ɑː		ɑ	ɑː		ɑ	ɑː		ɑ
Lade	---	Latte	Schaden	---	Schatten	Staat	---	Stadt
Made	---	Matte	Sage	---	Sack	Rat	---	Radau
rate	---	Ratte	Frage	---	Frack	wahren	---	warten
nagen	---	Nacken	Maß	---	Masse	lahm	---	Lamm
jagen	---	Jacke	Bahn	---	Bann	Gase	---	Gasse

Bei 'A' im Anlaut ist die Gefahr des Glottisschlages besonders groß. Darum setzen Sie mit der Stimme ganz behutsam an. Denken Sie als Übung vor dem anlautenden Vokal ein stummes 'H':

ɑː,ɑ

ɑː		ɑ	ɑː		ɑ	ɑː		ɑ
Amen	---	Amme	Aachen	---	Achtung	Asien	---	Ast
ahnen	---	Anne	Art	---	Artist	Ader	---	Acker
Ahle	---	alt	Aas	---	As	Aal	---	ach
Ahne	---	an	aber	---	ab	Atem	---	Attacke

Die Ableitungssilben –bar, -sam, -sal sind stets mit langem 'A' zu sprechen:

ɑː

sprechbar	seltsam	Mühsal
achtbar	mühsam	Scheusal
furchtbar	furchtsam	Labsal
brauchbar	gleichsam	Rinnsal
überschaubar	wirksam	Trübsal

Die Vorsilbe 'an ...' ist betont. Achten Sie auf einen weichen Stimmeinsatz ohne Glottisschlag. Üben Sie weiterhin ganz achtsam:

a anbeten, angeben, ansehen, anführen*, aneignen, Anschlag.

Achten Sie auch bei Vokalhäufungen auf die saubere Artikulation der A-Laute:

Rachenwandkatarrh, anbahnen, Staatsanwaltschaft, Glaswarenhandel, Bahnanlage, Straßenbahnwagen, anstandshalber, Analphabet, Panamakanal, Karawanenstraße.

Übungstexte:

Als Adam grub und Eva spann,
wer war da wohl ein Edelmann? (John Ball, englischer Prediger)

Immer bleibt der Aff' ein Affe, -
werd' er König oder Pfaffe.

Es hat der Gram sein Alter wie die Jahre. (Grillparzer)

Alternde Astern atmen schwach im Beet. (Rilke)

Im Anfang war das Wort, - am Ende die Phrase. (Lec)

Stets liegt, wo das Banner der Wahrheit wallt,
der Aberglaube im Hinterhalt. (Platen)

Am farbigen Abglanz haben wir das Leben. (Goethe, Faust II)

Es ist eine der größten Himmelsgaben,
so ein lieb Ding im Arm zu haben. (Goethe, Faust II)

* "Es macht den Deutschen nicht viel Ehre, dass jemanden *anführen* (leiten) so viel heißt als einen betrügen." (Lichtenberg)

Und läg' er nur noch immer in dem Grase!
In jeden Quark begräbt er seine Nase.

Getretener Quark wird breit, nicht stark. (Goethe, Faust I, Prolog im Himmel)

Der angeborenen Farbe der Entschließung
wird des Gedankens Blässe angekränkelt. (Shakespeare, Hamlet)

Ich denke einen langen Schlaf zu tun,
denn dieser letzten Tage Qual war groß. (Schiller, Wallenstein)

Kannst du nicht allen gefallen
durch deine Tat und dein Kunstwerk,
mach' es wenigen recht;
vielen gefallen ist schlimm. (Schiller)

Nur Beharrung führt zum Ziel,
nur die Fülle führt zur Klarheit,
und im Abgrund wohnt die Wahrheit. (Schiller, Sprüche des Konfutius)

Friede sei um diesen Grabstein her!
Sanfter Friede Gottes! Ach sie haben
einen guten Mann begraben,
und mir - war er mehr. (M. Claudius)

Da sieh mir nur die schönen Knaben,
es ist wahrhaftig eine Schmach;
Gesellschaft könnten sie die allerbeste haben,
und laufen diesen Mädchen nach. (Goethe, Faust I, Osterspaziergang)

Selten habt ihr mich verstanden,
selten auch verstand ich euch;
nur wenn wir im Kot uns fanden,
so verstanden wir uns gleich. (Heine)

Das Alter, das man haben möchte,
verdirbt das Alter, das man hat. (Heyse)

Die gute Galathee!
Man sagt, sie schwärz' ihr Haar;
da doch ihr Haar schon schwarz,
als sie es kaufte, war. (Lessing)

Die Diphthonge CD Nr. 10

ɑe	a mit kurzem geschlossenem e	Eis, Hain	ɑes, hɑen
ɑo	a mit kurzem geschlossenem o	Haus, Mauer	hɑos, mɑoɐ
ɔø	offenes o mit kurzem geschlossenem ö	Leute, Häuser	ˈlɔøtə, ˈhɔøzɐ

Im Gegensatz zu den Umlauten 'Ö', 'Ü' und 'Ä, bei denen sich zwei Vokale zu einem jeweils neuen vermischen, sind die Diphthonge Doppellaute. Daraus erklärt sich auch der Name, denn 'di' heißt 'zwei' und 'ho phthongos' 'Stimme, Laut, Ton'. Bei den Diphthongen erfolgt eine rasche Gleitbewegung von einem Vokal zum anderen, so dass sich, bei völliger Erhaltung der einzelnen Grundvokale, durch die schnelle Bewegung eine neues Klangbild ergibt. Hierbei entspricht die Schreibweise keineswegs der phonetischen Wirklichkeit. Dies erschwert eine gute Aussprache der Diphthonge zusätzlich.

Beim 'EI', 'AI', 'EY' und 'AY' erfolgt eine Gleitbewegung vom kurzen 'A' zu einem kurzen, geschlossenen 'E': ɑ → e.

Beim 'AU' erfolgt eine Gleitbewegung von einem kurzen 'A' zu einem sehr kurzen, geschlossenen 'O': ɑ → o,

und beim 'EU', 'ÄU', 'OI', und 'OY' von einem kurzen, offenen 'O' zu einem sehr kurzen, geschlossenen 'Ö': ɔ → ø.

Achten Sie darauf, dass Sie die Gleitbewegung nicht über den zweiten Vokal hinaus ziehen zu einem dritten Vokal, wie dies beispielsweise in den alemannischen Mundarten gegeben ist. Dort wird das ɑe über das 'E' hinaus zum 'I' gezogen und das ɑo über das 'O' hinaus bis zum 'U'. So wird aus ˈhɑen ˈhɑein und aus ˈhɑos ˈhɑous. Dieser Vorgang heißt Triphthongierung.

Auch die gegenteilige Tendenz, nämlich auf dem ersten Laut zu bleiben, wie es in manchen Gegenden Bayerns geschieht, ist zu vermeiden. Dies ist eine sogenannte Monophthongierung. Dann wird aus 'bɑom' 'bɑːm'.

Im DUDEN 'Ausspracheworterbuch' Bd. 6 von 2003 werden die Diphthonge in der Lautschrift als aɪ, au und ɔy - also als Triphthonge - dargestellt. Dabei werden sie als Diphthonge bezeichnet. Das ist unlogisch und entspricht nicht der phonetischen Wirklichkeit.

Übungen:

ɑe Mai, Maid, Mainz, Mais, Meile, mein, Meise, meist, Meister, --- Neid, nein, Neiße, --- Bayern, --- Beichte, beide, Beil, beinahe, Beispiel, beißen, --- Peitsche, Pein, peilen, --- fein, Feind, feist, ---- Veilchen, Veit, --- Waise, Weisen, weise, Weib, weichen, Weide, weigern, Weiber, weilen, Wein, Weiß, weit, Weizen.

ɑo Mauer, Maul, Maus, --- Nautik, --- Bauer, Baum, Bausch, --- Pauke, Paul, Pause, --- faul, Faun, Faust, --- Laus, Laute, --- Haus, Haut, --- Raute, --- schauen, genau, blau, Plauen, flau, schlau, Klaue, Kraut, Graupe, Pfau.

Folgt auf den Diphthong ao die Nachsilbe ən, dürfen die nach vorn gestülpten Lippen nicht zu sehr geschlossen werden, sonst schiebt sich leicht ein bilabialer Reibelaut dazwischen, der dem englischen double –u mit dem Lautschriftzeichen w entspricht.: Aus ˈbaoən wird dann leicht ˈbaowən.

bauen, trauen, Frauen, schauen, brauen.

ɔø Mäuschen, meucheln, Meute, neu, neulich, neun, neutral, Neutrum, --- bäumen, beugen, Beule, Beute, Beutel, Boiler, Boy, --- feucht, feudal, Feuer, heulen, --- träumen, schäumen, leugnen, freudig, Fräulein, Streu, Bräutchen, Kräuter, Ungeheuer.

Setzen Sie auch bei den anlautenden Diphthongen behutsam mit der Stimme ein. Vermeiden Sie es, die Stimmlippen aufzusprengen (Glottisschlag). Denken Sie wieder das stumme anlautende 'H':

	ɑe			ɑo			ɔø	
Eisen	---	eilen	August	---	Auge	Euphrat	---	äußern
Eis	---	ein	aus	---	Auktion	Eule	---	euer
Ei	---	eigen	Auto	---	Australien	Euter	---	Eugen
Eiter	---	Eiche	Aue	---	Autor	Europa	---	Äuglein

Bleiben Sie auch bei Diphthonghäufungen in zusammengesetzten Worten genau:

Eierspeise, Reichweite, Weidmannsheil, Meineid.
Hausfrau, Auflauf, Laubbaum, Austausch, Staubsauger, Kaufhaus, taubenblau, Zauberbaum, Augenbraue.
Feuerwehrschläuche, Leuchtfeuer, Räuberbräute, Eukalyptusbäume, Heuscheuer.

Übungstexte:

ɑe

Weit und breit.
Sein und Schein.
Mein und Dein.
Eile mit Weile.
Ohne Fleiß kein Preis.

Ein einzig faules Ei verdirbt den ganzen Brei.

Man muss das Eisen schmieden,
solange es heiß ist. (Lessing, Hamburger Dramaturgie)

Seine Fleißes darf sich jedermann rühmen.

Wer sich lobt alleine, des Ehre ist gar kleine.

Während ihrer zwei zanken um ein Ei,
steckt's der dritte bei.

Die Fliege ist, wird der Sommer heiß,
der kühnste Vogel, den ich weiß.

Heiraten in Eile bereut man mit Weile.

Die Herren von der Klerisei
versalzen uns gar oft den Brei.

Sprich weise, dein Feind hört mit. (Goethe)

In Bereitschaft sein ist alles. (Shakespeare, Hamlet)

Da kein Mensch weiß, was er verlässt,
was kommt drauf an, frühzeitig zu verlassen? (Shakespeare, Hamlet)

Kein Kaiser hat dem Herzen vorzuschreiben. (Schiller, Wallenstein)

Mir gäb es keine größre Pein,
wär ich im Paradies allein. (Goethe, Sprichwörtlich)

Was ihr den Geist der Zeiten heißt,
das ist im Grund der Herren eigner Geist,
in dem die Zeiten sich bespiegeln. (Goethe, Faust I)

Und da keiner wollte leiden,
dass der andere für ihn zahle,
zahlte keiner von den beiden. (Heine)

Ein einzig böses Weib
lebt höchstens auf der Welt.
Nur schlimm, dass jeder seins
für dieses einz'ge hält. (Lessing)

ao

Von Haus zu Haus.
In Saus und Braus.
Auge um Auge.
Man muss dem Augenblick auch etwas vertrauen.
Gut gekaut ist halb verdaut.

Was du hast in deinem Haus,
das plaudre nicht vor andern aus.

Wer kauft, was er nicht braucht,
muss bald verkaufen, was er braucht.

Scheiterhaufen erleuchten nicht die Finsternis. (Lec)

Faulheit ist Dummheit des Körpers,
und Dummheit - Faulheit des Geistes. (Seume)

Willst du, dass wir mit hinein ins Haus dich bauen,
lass es dir gefallen, Stein, dass wir dich behauen. (Rückert)

Grau, teurer Freund, ist alle Theorie,
und grün des Lebens goldner Baum. (Goethe, Faust I, Studierstube)

Es ist ein alter Brauch,
wer's mit den Weibern hält,
der hat die Männer auch. (Goethe)

Wer sich behaglich fühlt zu Haus,
der rennt nicht in die Welt hinaus;
Weltunzufriedenheit beweisen
die vielen Weltentdeckungsreisen. (Rückert)

Kommt ein Bettler auf den Gaul,
dann wird er stolz wie König Saul.

Fehlt's auch nach Tisch am rechten Sinn, die Geister zu erbauen,
es liegt etwas Erhabnes drin,gemeinsam zu verdauen. (Fulda)

ɔø

Träume sind Schäume.

Teuer ist mir der Freund.

Kunst ist ein Kräutlein nicht für alle Leutlein.

Euch zu gefallen war mein höchster Wunsch,
euch zu ergötzen war mein letzter Zweck. (Goethe, Torquato Tasso)

Leben heißt träumen, -
weise sein, heißt angenehm träumen. (Schiller)

Gewöhne dich, da stets der Tod dir dräut,
dankbar zu nehmen, was das Leben beut. (Bodenstedt)

Die Konsonanten CD Nr. 11

Irgend ein poetischer Mensch hat einmal den Satz geprägt, die Vokale seien das Fleisch und die Konsonanten die Knochen der Sprache. Das hat zweifellos seine Richtigkeit; denn zum Beispiel Sänger, die bei ihren Arien so gern in Vokalen schwelgen, sollten, um der Verständlichkeit ihrer Texte willen, gut auf die Bildung der Konsonanten achten.

Richard Strauss schrieb im Vorwort des Klavierauszuges seiner Oper "Intermezzo": "... Der Sänger sei daran erinnert, daß nur der regelrecht gebildete Konsonant jedes, auch das brutalste Orchester durchdringt". Und etwas später: "... Für den Sänger gibt es gegen ein polyphones und indiskretes Orchester nur eine Stoßwaffe: Den Konsonanten!" Diese Erkenntnis gilt natürlich nicht nur für Sänger in ihrem oft heroischen Kampf gegen Orchester oder Pianisten. Sie gilt genauso für Vortragende, für Konferenzleiter, für Lehrer, für Ausbilder und für andere Berufsgruppen.

Beachten Sie bitte:

Die genaue und saubere Bildung der Konsonanten ist die Voraussetzung für die Verständlichkeit unserer Sprache und erspart übertriebenen Stimmaufwand.

Um eine gute Artikulation der Konsonanten zu erreichen, ist zweierlei erforderlich:
1. Trainieren Sie die sogenannten 'Sprechwerkzeuge', die Lippen, die Zunge und den Kiefer. So können Sie alle erforderlichen Artikulationsbewegungen schnell, geschmeidig und sauber ausführen.
2. Achten Sie darauf, dass Sie die Artikulationsstellen immer und in allen Verbindungen genau treffen, ohne dass sich irgendwelche Gleit- oder Zwischengeräusche einstellen.

Es lohnt sich, Lippen, Zunge und Kiefer zu trainieren! Für das Training der Sprechwerkzeuge seien hier ausgewählte Übungen angeführt, die sich in der Praxis bewährt haben.

Lippenübungen:

Eine gute Beweglichkeit der Lippen erleichtert die saubere und klare Artikulation erheblich. Dies erspart viel Nachfragen und unnötige Missverständnisse. Die Lippen sind bei vielen Menschen wenig trainiert und daher fast unbeweglich. Besonders die Oberlippe liegt manchmal wie ein Brett vor den Zähnen.

Beginnen Sie mit einer reinen Lippen - Übung, noch ohne Stimme:

<u>1. Übung:</u>

Ziehen Sie die Lippen in ganzer Breite über die Zähne und führen sie nun langsam und bewusst nach vorn, bis sie eine spitze Tüte bilden. Von hier geht es wieder zurück, ziehen Sie die Lippen über die Zähne, danach führen Sie sie wieder nach vorn usw.

Machen Sie diese Bewegungen solange, bis die Lippen diese Übung geschmeidig und ohne Krampf ausführen können. Es empfiehlt sich, diese Übung im Spiegel zu kontrollieren.

Dann bauen Sie auf und gehen Sie weiter zu Lippen - Übungen mit Stimme:

Sprechen Sie, mit gut vorn sitzender Stimme, zunächst langsam und allmählich schneller werdend:

<u>2. Übung:</u>

niː --- nuː --- niː --- nuː --- niː --- nuː --- niː --- nuː --- niː --- nuː

und dann:

<u>3. Übung:</u>

dʀuːzɪŋ --- dyːspʀɪŋ --- dʀuːzɪŋ --- dyːspʀɪŋ --- dʀuːzɪŋ --- dyːspʀɪŋ

Zungenübungen:

Die Zunge hat bei der Bildung der Konsonanten die Hauptarbeit zu leisten. Eine gute Beweglichkeit der Zunge erleichtert die genaue Artikulation erheblich. Sie ist ein Muskel und bedarf des Trainings. Bereits die ersten Trockenübungen zeigen, wie wenig die meisten Menschen ihre Zunge beherrschen.

Beginnen Sie mit einer reinen Zungen - Übung, noch ohne Stimme:

4. Übung:

Führen Sie die Zungenspitze bei leicht geöffneten Lippen wie einen Uhrzeiger langsam um den Mund, einige Male rechts herum und einige Male links herum.

Es klingt so einfach. Dabei werden Sie wahrscheinlich merken, dass die Zunge anfangs recht eigenwilllig ist. Vielleicht können Sie sie in der einen Richtung leichter steuern als in der anderen. Üben Sie bis es leicht geht und Spaß macht. Es lohnt sich. So werden Sie immer zungenfertiger. Dieses Wort hat nicht umsonst eine doppelte Bedeutung.

Üben Sie eine weitere Zungen - Übung, auch noch ohne Stimme:

5. Übung:

Lassen Sie die Zunge, wiederum bei leicht geöffnetem Mund, abwechselnd schmal und breit werden.

Achten Sie darauf, dass die Zunge dabei ganz ruhig im Mund liegt. Konzentrieren Sie sich vollkommen auf diese Bewegung. Ziehen Sie die Zunge weder vor noch zurück und lassen Sie sie auch nicht wild im Mund herum tanzen. Diese Bewegung entspricht übrigens der Bewegung, deren es bedarf, um von der Bildung des 'L' zum 'N' zu kommen.

Haben Sie Lust auf weitere Geschicklichkeits - Übungen? Hier sind zwei:

5. Übung:

Formen Sie die Zunge abwechselnd flach und nach oben konkav und wieder flach und wieder nach oben konkav.

6. Übung:

Drehen Sie die Zunge nach rechts und links um die eigene Mittelachse.

Führen Sie diese Übungen am besten vor dem Spiegel aus. So können Sie die Zungenbewegungen auch optisch wahrnehmen und bei Bedarf korrigieren.

Auf diesen Übungen können Sie aufbauen. Gehen Sie weiter zu Zungen - Übungen mit Stimme:

Üben Sie zunächst die Verbindung von 'L' und Vokalen:

7. Übung:

liː lɑː leː lɑː loː lɑː luː lɑː --- liː lɑː leː lɑː loː lɑː luː lɑː --- liː lɑː leː lɑː loː lɑː luː lɑː

und dann die Verbindung von 'N' und Vokalen:

8. Übung:

neːlɔŋ --- fʀeːlɔŋ --- dʀeːlɔŋ --- seːlɔŋ --- neːlɔŋ --- fʀeːlɔŋ --- dʀeːlɔŋ --- seːlɔŋ

Auch bei diesen Übungen beginnen Sie bitte langsam. Steigern Sie das Tempo nur allmählich. Achten Sie darauf, dass die Stimme vorne im Mund bleibt und Sie alle Laute sauber artikulieren.

Übungen für den Unterkiefer

Auch der Unterkiefer muss geschmeidig sein und sich weich öffnen und schließen. Der häufigste Fehler besteht darin, dass der Kiefer fast überhaupt nicht geöffnet und durch die Zähne gesprochen wird. Es ist klar, dass sich daraus nie eine saubere und verständliche Aussprache ergibt. Außerdem kann sich der Stimmton nur entfalten, wenn er aus dem Mund heraus gelassen wird.

Beginnen Sie mit einer geringen Kieferöffnung. Lassen Sie den Kiefer bei völlig entspannter Gesichtsmuskulatur ganz locker herunterfallen:

9. Übung:

fə, fə, fə, fə, fə.

Dann folgt eine etwas größere Kieferöffnung. Lassen Sie den Kiefer wieder locker herunterfallen:

10. Übung:

mœ, mœ, mœ, mœ,mœ.

Öffnen Sie den Kiefer noch weiter. Lassen Sie den Kiefer locker und weich in die nächste Silbe fallen:

11. Übung:

mɑ:, mɑ:, mɑ:, mɑ:, mɑ:.

Achten Sie darauf, dass der Kiefer wie durch sein Eigengewicht 'herunterfällt' und Sie den Mund nicht aufreißen.

Nun differenzieren Sie die Kieferbewegungen noch weiter:

12. Übung:

dəlɑly: - ɑe, dəlɑzy: - ɑe. dəlɑly: - ɑe, dəlɑzy: - ɑe.

Bitte achten Sie auch beim Trainieren des Kiefers darauf, dass die Stimme beim 'A' vorne im Mund bleibt.

Die Bildung der Konsonanten im Einzelnen

Die zweite Forderung nach genauer Artikulation der Konsonanten können Sie im Grunde nur erfüllen, wenn die Artikulationspunkte, Stellungen und Bewegungen ihnen klar und bewusst sind. Es hat keinen Sinn, dem Übenden einen fehlerhaft artikulierten Laut nur richtig vorzusprechen. Er kann ihn daraufhin im allgemeinen nicht richtig nachsprechen, da er den richtigen Laut wohl hören, aber die Artikulationsbewegungen des Lehrers meistens nicht sehen kann. So weiß er nicht, wie der Laut richtig zu bilden ist. Dagegen hilft ihm eine klare Darstellung der Ursache des Fehlers und eine konkrete Handlungsanweisung weiter. Sagt der Lehrer ihm zum Beispiel: "Ihr 'L' klingt darum so plump und halsig, weil Sie die Zunge am Gaumen zurückrollen. Legen Sie die Zungenspitze schmal an die oberen Alveolen, und Ihr 'L' ist in Ordnung", so weiß er, was zu tun ist und kann sinnvoll üben.

Um die Möglichkeit einer bewussten Erarbeitung der Konsonanten zu geben, habe ich, wie auch schon bei den Vokalen, jedem Laut eine Bildungsanalyse vorangestellt und auf die häufigsten Fehlbildungen hingewiesen.

Die Einordnung der Konsonanten nach Entstehungsart, Entstehungsort und Stimmhaftigkeit oder Stimmlosigkeit, ergibt, wie dies bereits im Kapitel 'Das Ansatzrohr' ausführlich beschrieben ist, folgendes Schema:

Die Konsonantentabelle:

	Bilabiale	Labiodentale	Alveolare	Palto-Alveolare	Palatale	Velare	Uvulare	Gutturale	
Reibelaute		v	z	ʒ	j		ʀ		stimmhaft
		f	s	ʃ	ç	x	ʁ		stimmlos
Verschluß-laute	b		d			g			weich
	p		t			k			hart
Nasallaute	m		n			ŋ			stimmhaft
Liquidae			l, r						stimmhaft
Hauchlaut								h	stimmlos

Abbildung 24

Bei allem Bestreben nach einer sauberen und korrekten Bildung der Konsonanten vermeiden Sie bitte Übertreibungen. Konsonanten dürfen nie um ihrer selbst willen wirken; also sprechen Sie bitte kein 'rollendes R' oder ein 'abgeworfenes T' im Auslaut.

Die Nasallaute M – N - NG CD Nr. 12

m	bilabialer Nasallaut	Mahl, heimlich	mɑːl, ˈhɑemlɪç
n	alveolarer Nasallaut	Note, Kanne	noːtə, kɑnə
ŋ	velarer Nasallaut	jung, rings, Dank	jʊŋ, ʀɪŋs, dɑŋk

Das 'M'

Bei dem Nasallaut 'M' sind die Lippen geschlossen. Sie berühren sich und sind nicht aufeinander gepresst. Die beiden Zahnreihen sind leicht geöffnet. Die Zunge liegt weich im Unterkiefer. Das Gaumensegel hängt tief herab und lässt den Phonationsstrom durch die Nase entweichen.

Achten Sie darauf, dass Sie diesen Laut stets mit vollem Stimmklang sprechen, so dass die Vibration auf den Lippen und im Nasenraum deutlich spürbar ist. Besonders nach harten Verschlusslauten geht die Stimmhaftigkeit des 'M' oft verloren, und es bleibt nur der Lippenverschluss. Dadurch entsteht dann irgendein 'nasales Reibegeräusch'. Ein Beispiel dafür ist das Wort 'abmachen' ˈɑpmɑxən.

Sprechen Sie die Nebensilbe 'em-' sauber aus. Sie darf nicht zum bloßen 'M' abgeschliffen werden, so dass aus 'Empfang' 'Mpfang' wird.

Geht der Übergang vom 'R' zum 'M' oder vom 'L' zum 'M' nicht schnell und leicht vor sich, so kann ein Gleitvokal dazwischen geraten. Dann klingt 'ɑʀm' wie 'ɑʀəm' oder 'hɛlm' wie 'hɛləm'.

Es ist eine weit verbreitete Unart, das 'M' vor einem 'T' wie einen Verschlusslaut aufzusprengen. Dann wird aus 'träumt' 'träumpt' und aus 'Samt' 'Sampt'. Dies geschieht, wenn Sie das Gaumensegel für die Bildung des harten Verschlusslautes 'T' zu früh heben. Dann wird aus dem bilabialen Nasenlaut 'M' erst der harte Verschlusslaut 'P' und dann das 'T'.

Bei M-Verdoppelungen sprechen Sie stets nur ein einziges 'M'. Kommen bei Wortzusammensetzungen zwei 'M' an der Wortgrenze zusammen wie bei 'Traummusik' und 'Rummischung', so erfolgt nur eine geringfügige Verlängerung des 'M'. Es wäre ein Fehler, hier neu einzusetzen. Diese Regelung gilt auch bei allen anderen Konsonanten-Verdoppelungen.

Übungen:

m

Mohn, Mole, Mode, Moos, Mosel, Moll, Most, Motte, Mull, muss, Mutter, Muse, Mumie, Mus, Melos, Meer, Matte, Mast, Made, Maat, Mieder, Miete, Miere, Milch, Mitte, Mist, Milz, melden, melken, messen, Meute, Mühle, mühen, meist, Maus, mähen.

Nomen, Dome, Pomade, Dame, Rahmen, lahm, Blume, Krume, Muhme, nehmen, Lehm, Emma, Amsel, Imme, Stimme, Bäume, Träume, Sims, Lampe, Sumpf, Stumpf, Samt, kommt, frommt, Däumchen.

Achten Sie bitte darauf, dass Sie auch in den folgenden Worten das 'M' stimmhaft aussprechen:

abmessen, mitmachen, abmustern, Strickmuster, zweckmäßig, Rittmeister, Schrittmacher.

Sprechen Sie die Nebensilbe 'em –' bitte sauber aus:

ɛm

Empfangen, empfingen, Empore, empörend, Embargo, Emblem, Embolie, empfehlen, empirisch.

Achten Sie auf die Übergänge zwischen 'L' und 'M' und 'R' und 'M'. Es dürfen sich keine Gleitvokale einschieben:

lm

Alm, Qualm, Salm, Ulm, Kulmbach, Holm, Elm, Ilm.

ʀm

Arm, warm, Darm, Lärm, Sturm, Turm, Wurm, Irmgard, Schirm.

Achten Sie auf die Übergänge zwischen 'M' und 'T' und 'M' und 'D'. Es darf sich kein 'P' dazwischen schieben:

md,mt Hemd, kämmt, schwimmt, stimmt, nimmt, Samt, kommt, frommt, träumt, schäumt, summt, verstummt, vermummt.

Auch wenn in einem Wort oder einer Wortzusammensetzung mehrere Nasallaute auftreten, bilden Sie jeden einzelnen mit der gleichen Genauigkeit:

Mümmelmann, Mummenschanz, Blumensamen, Mohnblume, Mammut, Musenalmanach, Münzmeister, Mindestmaß, Mandelbäumchen.

Übungstexte:

Meister Müller, mahl' mir meine Metze* Mehl,
morgen muss mir meine Mutter Milchmus machen.

Kein Mensch muss müssen. (Lessing, Nathan)

Die meisten Menschen leben mehr nach der Mode
als nach der Vernunft. (Lichtenberg)

Manchmal muss man verstummen, um gehört zu werden. (Lec)

Wenn ein Volk seine Stimme verloren hat,
merkt man es sogar beim Singen der Nationalhymne. (Lec)

Man muss Frieden machen, solange man noch kämpfen kann.

Wenn man sich vor allen Tieren fürchten soll,
dann soll man's vor dem Menschen noch mehr.

Da macht wieder jemand einmal einen dummen Streich. (Schiller, Clavigo)

* Metze' - früher ein Hohlmaß, besonders für Getreide, - auch schimpfliche Bezeichnung für ein unsittliches Mädchen.

Dem Menschen ist ein Mensch
noch immer lieber als ein Engel. (Lessing, Nathan)

Denn aus Gemeinem ist der Mensch gemacht,
und die Gewohnheit nennt er seine Amme. (Schiller, Wallenstein)

Er war ein Mann, nehmt alles nur in allem,
ich werde nimmer seinesgleichen sehen. (Shakespeare, Hamlet)

Nicht die Kinder bloß speist man mit Märchen ab. (Lessing, Nathan)

Viel Lärm um nichts. (Shakespeare, Titel eines Schauspiels)

Kein Mensch muss das Unmögliche erzwingen wollen. (Schiller)

Wenn mancher Mann wüsste,
wer mancher Mann wär',
thät mancher Mann manchem Mann
manchmal mehr Ehr'. (Im Rathaus zu Breslau)

Gott gab das M uns im Mahl,
gab uns das Maß, den Mut.
Warm und heimatlich M,
wahrhafter Mutterlaut. (Weinheber)

Nenne niemand dumm und säumig,
der das Nächste recht bedenkt.
Ach, die Welt ist so geräumig
und der Kopf ist so beschränkt. (Busch)

Seine Meinung ist die rechte,
wenn er spricht, müsst ihr verstummen,
sonst erklärt er euch für Schlechte
oder nennt euch gar die Dummen. (Busch)

Wie klein ist das, was einer ist,
wenn man's an seinem Dünkel misst. (Busch)

Das 'N'

Bei dem Nasallaut 'N' sind die Lippen leicht geöffnet. Dabei darf der Mund nicht in die Breite gezogen oder die Oberlippe angehoben oder gekräuselt werden. Der Kiefer ist leicht geöffnet. Die Zungenspitze liegt verschlussbildend an den oberen Alveolen. Das Gaumensegel hängt herab, so dass der Phonationsstrom wie auch beim 'M' und 'NG' durch die Nase entweicht.

Zwischen 'KN' und 'TN' stellen sich durch das Aufsprengen des Gaumensegels leicht Knackgeräusche ein. Dann wird aus 'Knochen' 'K-nochen' und aus 'Lettner' 'Lett-ner'. Dies ist unbedingt zu vermeiden.

Achten Sie auch darauf, dass das 'N' vor dem 'F' nicht zu einem 'M' wird. Es heißt 'sanft' und nicht 'samft' oder gar 'sampft'.

Schließlich darf, wenn auf ein 'N' ein 'M' folgt, der erste Konsonant nicht im zweiten aufgehen. Sonst wird aus 'anmelden' ein fehlerhaftes 'amelden'.

Sprechen Sie die Nebensilbe '-en' deutlich aus und schleifen Sie sie nicht zu einem 'n' ab. Es heißt in der Hochsprache 'reden' und nicht 'redn'.

Anders ist es, wenn auf einen langen Vokal oder auf ein 'R' ein 'N' folgt. Hier darf sich kein Gleitvokal zum 'N' hin einschieben. Sonst heißt es 'nɑe-ən statt 'nɑen oder 'fɛʀ-ən statt 'fɛʀn.

Übungen:

n

Nonne, Noppe, Norne, None, Note, Not, nun, Nute, nur, Nuss, Null, Nummer, Napf, nass, Natter, Nagel, nagen, Name, nehmen, Neger, Nebel, Nelke, Närrin, nett, Neckar, nie, niemals, Niete, nein, Neid, Neiße, neu, Neutrum, Nautik.
Wonne, Tonne, Sonne, Wunsch, Punsch, Stunde, Hans, Gans.

Bitte achten Sie darauf, dass Sie die Verbindung 'KN' und 'TN' ohne Knackgeräusch sprechen:

kn	Knebel, Knochen, knacken, knausern, Knute, Knecht, Knüppel, knüllen, Knie, knistern, knirschen, Knast, knallen.
tn	Ätna, esst nicht, ist nicht, Lettner, Vietnam, Fettnapf, Sputnik.

Die Verbindung 'NF' darf nicht zu 'MF' oder 'MPF' werden:

nf	Senf, sanft, Hanf, Zukunft, Zunft, künftig, Anfang, fünf, Vernunft, Ankunft, zünftig.

Sprechen Sie die Nebensilbe '-en' als unbetonte Nebensilbe. Dabei darf sie in der Hochlautung nicht zum '..n' abgeschliffen und auch nicht betont werden. Die Betonung liegt allein auf der Stammsilbe:

ən	Gaben, haben, leben, reden, sagen, Magen, sorgen, borgen, beugen, zeugen, eigen, zeigen, meiden, schneiden.

Folgen 'N' und 'M' aufeinander, so sprechen Sie das 'N' und auch das 'M' deutlich. Das 'N' darf nicht verloren gehen:

nm	anmelden, anmerken, an meinen, inmitten, unmöglich, unmündig, anmachen, anmaßen, Anmut, unmännlich, unmanierlich, Unmasse, Unmensch, unmerklich, unmoralisch.

Übungstexte:

Des Nachbars Henne scheint uns eine Gans.

Neiden und beneidet werden ist das meiste Tun auf Erden. (Logau)

Wenn einer meint, er lerne noch, so kommt sein Witz empor;
wenn einer meint, er sei gescheit, so wird er jetzt ein Tor. (Logau)

Wo man mit Eigennutz düngt, kann die Tugend nicht gedeihen.

Nenne die Dinge nicht beim Vornamen,
wenn du ihren Nachnamen nicht kennst. (Lec)

Wenn der Fürst seinen Untertanen einen Apfel nimmt,
nehmen die Diener den ganzen Baum.

Die Geheimnisse des Kabinettes
stecken sich gern in die Falten des Weiberrockes. (Schiller, Fiesco)

Die Nacht hat ihre Kerzen ausgebrannt,
der muntre Tag erklimmt die dunst'gen Höhn. (Shakespeare, Romeo)

Schnell fertig ist die Jugend mit dem Wort,
das schwer sich handhabt, wie des Messers Schneide. (Schiller, Wallenstein)

"Ich bin", spricht jener, "zu sterben bereit,
Und bitte nicht um mein Leben;
Doch willst du Gnade mir geben,
Ich flehe dich um drei Tage Zeit,
Bis ich die Schwester dem Gatten gefreit;
Ich lasse den Freund dir als Bürgen,
Ihn magst du, entrinn' ich, erwürgen." (Schiller)

Ich kann mich nicht bereden lassen,
Macht mir den Teufel nur nicht klein:
Ein Kerl, den alle Menschen hassen,
Der muss was sein! (Goethe)

Natur und Geist - so spricht man nicht zu Christen.
Deshalb verbrennt man Atheisten,
weil solche Reden höchst gefährlich sind.
Natur ist Sünde, Geist ist Teufel;
sie hegen zwischen sich den Zweifel,
Ihr missgestaltet Zwitterkind. (Goethe)

Ich bin ein deutscher Dichter,
Bekannt im deutschen Land;
Nennt man die besten Namen,
So wird auch der meine genannt. (Heine)

Das 'ŋ'

Der velare Nasallaut 'ŋ' erscheint im Schriftbild als 'ng' oder als 'N' vor dem Konsonanten 'K'. Er ist ein einheitlicher Laut und keine Lautverbindung. Lippenhaltung und Mundöffnung sind wie beim 'N': Die Zungenspitze hat Kontakt mit der Unterzahnreihe. Die Mittelzunge ist gegen den harten Gaumen aufgewölbt, und die Ränder der Hinterzunge bilden einen Verschluss mit den oberen Mahlzähnen. Das Gaumensegel hängt, wie auch bei den anderen Nasenlauten 'M' und 'N', tief herunter und lässt den Phonationsstrom durch die Nase entweichen.

Achten Sie bei 'ng' darauf, dass Sie dem Nasal 'ŋ' nicht noch ein 'K' hinzufügen. Es heißt 'lɑŋ' und nicht 'lɑŋk, 'jʏŋst und nicht 'jʏŋkst. Unterscheiden Sie also zwischen 'langsam' ˈlɑŋzɑːm und 'lenksam ˈlɛŋkzɑːm. Nur wenn auf 'ng' ein voller Vokal folgt, wird das 'G' mitgesprochen: 'Ingo' ˈɪŋgo und 'Kongo' ˈkɔŋgo.

Beachten Sie auch, ob 'ng' oder 'nk' zum Wortstamm gehören oder durch eine Zusammensetzung aufeinandertreffen. Es heißt 'Unke' ˈʊŋkə, aber 'unklar' ˈʊnklɑːʀ.

Schließlich darf die Konsonantenfolge 'g – n' nicht in 'ng' umgekehrt werden, so dass aus 'Signal' zɪgˈnɑːl 'Singnal' zɪŋˈnɑːl wird.

Übungen:

ŋ — Gong, Song, Schwung, jung, Lösung, Übung, lang, Gang, Gesang, Ding, spring, sing, fing, Junge, Zunge, Lunge, Enge, dränge, Spange, Zange, fange.

ŋg — Kongo, Mungo, Ingo, Languste, Singular, Känguruh, Bungalow, Ungar.

ŋk — Bank, Zank, Dank, schlank, Trunk, Funk, Stunk, denken, lenken, blinken, Zinken, Schinken, wanken, schwanken, tanken.

Unterscheiden Sie deutlich zwischen 'ŋ' und 'ŋk':

ŋ, ŋk

ŋ		ŋk	ŋ		ŋk	ŋ		ŋk
junger	---	Junker	Schlange	---	Schlanke	klingen	---	klinken
Drang	---	Trank	hängen	---	henken	bringen	---	blinken
sangen	---	sanken	Längen	---	lenken	fangen	---	Funken
sengst	---	senkst	singen	---	sinken	sangen	---	gesunken

Treffen 'nk' und 'ng' bei Wortzusammensetzungen aufeinander, so sind sie auch getrennt zu sprechen. Es darf also kein 'ŋ' gebildet werden:

nk,ng Ankunft, ankündigen, ungestüm, angeben, anketten, ankommen konkav.

Mithin unterscheiden Sie zwischen:

ŋ		ng	ŋg		ng	ŋk		nk
Angel	---	angeblich	Ungar	---	ungar	Anker	---	Ankauf.

Die Nachsilbe '-ung' heißt '-ʊŋ. Es darf kein 'K' nachklingen:

-ʊŋ Bedingung, Erinnerung, Verstimmung, Verjüngung, Sprengung, Einigung, Verdrängung, Beschreibung, Verzweiflung.

Seien Sie achtsam bei der Lautfolge 'gn'. Bitte sprechen Sie kein 'ŋ':

gn Signal, Magnifizenz, ignorieren, Diagnose, Agnes, Magnet, Magnesium, Physiognomie.

Übungstexte:

Singe, wem Gesang gegeben.

Lass das Vergangene vergangen sein.
Im engen Kreis verengt sich der Sinn. (Schiller)

Bei Gott ist kein Ding unmöglich.

Eigenlob stinkt, Freundeslob hinkt, Feindeslob klingt.

Je kahler der Junker, je größer der Prunker.

Von dem Dome schwer und bang,
tönt die Glocke Grabgesang. (Schiller)

Ihr Chöre, singt ihr schon den tröstlichen Gesang,
der einst, um Grabesnacht, von Engelslippen klang? (Goethe)

Sie sprach zu ihm, sie sang zu ihm;
da war's um ihn geschehn;
halb zog sie ihn, halb sank er hin,
und ward nicht mehr gesehn. (Goethe)

Der Mond aufgegangen,
die goldnen Sternlein prangen
am Himmel hell und klar. (M. Claudius)

Und der an seiner Linken fing
mit Schwung und Schwing
und Klang und Kling
aus einem runden Silberding,
das wiegend und in Ringen hing,
ganz blau zu rauchen an. (Rilke)

Die Liquiden L - R CD Nr. 13

l	stimmhafter alveolarer Fließlaut	Leib, alle	lɑep, ɑlə
r	stimmhafter Zungenspitzen-Vibrant	Rede, Ehre	ˈreːdə, ˈeːrə
ʀ	stimmhafter uvularer Vibrant	Rede, Ehre	ˈʀeːdə, ˈeːʀə
ʁ	stimmloser uvularer Reibelaut	hart, warten	hɑʁt, ˈvɑʁtən
ɐ	vokalisiert im Auslaut	der, mir, Leder	deːɐ, miːɐ, ˈledɐ

Die Bezeichnung 'Liquide' kommt vom lateinischen 'liquor' 'Flüssigkeit' und bezeichnet die Fließlaute 'L' und 'R'.

Das 'L'

Bei dem Fließlaut 'L' liegt die Zungenspitze am Alveolarenrand der oberen Schneidezähne. Die 'Alveoli dentales' sind die Wurzelfächer der Zähne. Der Zungenrücken ist aufgewölbt und lässt den Phonationsstrom an beiden Seiten der Zunge passieren. Das Gaumensegel ist gehoben. Die Lippen und der Kiefer sind leicht geöffnet.

Es ist wesentlich, dass die Zunge nicht am Gaumen zurückgerollt wird. Dadurch entsteht sonst ein plumper und halsiger Laut.

Sowohl vor als auch hinter dem 'L' kann es zu unschönen Gleitlauten kommen. Dann heißt es ˈɑlət statt 'ɑlt, gəˈlʏk statt 'glʏk und ˈbɑeəl statt 'bɑel. Dies geschieht, wenn die Zunge beim Sprechen nicht schnell genug in die L-Stellung gebracht wird oder wenn der Phonationsstrom nach stimmlosen Konsonanten zu früh einsetzt.

Sprechen Sie in der Nebensilbe '–el' das 'E' aus. Das 'E' darf nicht verschluckt werden.

Bei der Verbindung 'LS' schiebt sich leicht ein 'T' dazwischen, wenn das Gaumensegel angehoben wird. Aus 'als' wird dann fälschlicher Weise 'alts' und aus 'Hals' 'Halts'.

Übungen:

l	Lotte, Lob, Lohn, Lumpen, Lupe, Lure, Linde, Licht, Lende, lächeln, Lampe, laben, Laden, lesen, lieben, laufen. Scholle, Wolle, Rolle, wallen, knallen, Welle, Pelle, Rille, Pille, Fülle, brülle, Mull, Stall, voll, Fall, Knall.

Bitte achten Sie darauf, dass sich vor dem 'L' kein Gleitlaut einschiebt:

Klage, Plage, Kleid, Blei, glomm, glimmen, Gleichnis, Glanz, Schlot, Schlummer, Schlag, schlecken, Schlitten, Schleier.

Auch hinter langen Vokalen darf sich zum 'L' kein Gleitlaut einschieben:

Beil, Heil, Seil, steil, Gaul, faul, Maul, Schal, Pfahl.

Bei der Nebensilbe '-el' sprechen Sie das 'E' aus. Verschlucken Sie es nicht, und betonen Sie es auch nicht über:

əl	Regel, Flegel, Schlegel, Prügel, Zügel, Bibel, Fibel, Zwiebel.

Wenn in einem Wort oder bei einer Wortzusammensetzungen zwei 'L' erscheinen (nicht bei Verdoppelungen) , so sprechen Sie es jedes Mal deutlich und stimmhaft aus:

Liebeslied, Lebenslust, Loblied, Lappland, Lötlampe, Lampenlicht, Liebesleid, Liebeslust, loslassen, lautlos.

Übungstexte:

Wer ein Lob zurückweist,
will nochmals gelobt werden.

Klein Glöcklein klingen auch.

Das Glück ist eine blinde Kuh und läuft dem dümmsten Ochsen zu.

Das Glück schenkt nicht, es leiht nur.

Leid kann wohl ohne Lieb' allein,
doch Lieb' nicht ohne Leiden sein.

Mit Lügen und Listen füllt man Säcke und Kisten.

Der Lügner trägt des Teufels Livree.

Vom Lügen gibt man keinen Zoll,
drum ist das Land der Lügen voll.

Das Beispiel ist der erfolgreichste Lehrer, obwohl es lautlos lehrt.

Laue Luft kommt blau geflossen. (Möricke)

Die linden Lüfte sind erwacht. (Uhland)

Der kleine Gott der Welt bleibt stets von gleichem Schlag
und ist so wunderlich, als wie am ersten Tag. (Goethe)

Einen Blick, geliebtes Leben, und ich bin belohnt genung. (Goethe)

Leicht wird ein kleines Feuer ausgetreten,
das, erste geduldet, Flüsse nicht mehr löschen. (Shakespeare)

Dachtet ihr, der Löwe schliefe,
weil er nicht brüllte? (Schiller, Fiesco)

Das Lied, das aus der Kehle dringt,
ist Lohn, der reichlich lohnet. (Goethe)

Setz' die Perücken auf von Millionen Locken,
setz' deinen Fuß auf ellenhohe Socken,
du bleibst doch immer, was du bist. (Goethe)

Zwei Seelen wohnen, ach!, in meiner Brust,
die eine will sich von der andern trennen;
die eine hält in derber Liebeslust
sich an die Welt mit klammernden Organen;
die andre hebt gewaltsam sich vom Dust
zu den Gefilden hoher Ahnen. (Goethe)

Christlicher Umlaut:
Seit die Lust aus der Welt entschwand
und die Last ihr beschieden,
lebt sie am Tag mit der Last,
flieht sie des Nachts zu der List. (Karl Kraus)

Es schauen die Blumen alle
zur leuchtenden Sonne hinauf;
es nehmen die Ströme alle
zum leuchtenden Meere den Lauf.
Es flattern die Lieder alle
zu meinem leuchtenden Lieb -
nehmt mit meine Tränen und Seufzer,
ihr Lieder, wehmütig und trüb. (H. Heine)

Die R-Laute

Bei den R-Lauten lässt sich eine interessante Entwicklung der Aussprachegewohnheiten beobachten. Es heißt, dass bis zum 17. Jahrhundert nur der stimmhafte Zungenspitzen-Vibrant r gesprochen wurde. Der stimmhafte uvulare Vibrant ʀ, der dann auch in Gebrauch kam, galt damals für die Bühnenaussprache, was gleichbedeutend mit der Hochsprache war, als nicht existent. Erst durch die Bühnenwerke der Naturalisten wie Gerhard Hauptmann, Henrik Ibsen usw. wurde der uvulare Vibrant 'ʀ' etwa seit Beginn des 19. Jahrhunderts für die Bühnensprache unentbehrlich. Der Siebs-Beraterausschuss hat ihn im Jahre 1933 als "auch zur Hochlautung zu rechnen" erklärt.

Heute ist zwar der Zugenspitzen-Vibrant r für den Sänger nach wie vor unentbehrlich, auf der Sprechbühne aber - vom österreichischen Theater abgesehen - ist er kaum noch zu hören. Zugegeben: Die Vokale lassen sich beim Zungen-R leichter vorn bilden, aber die Sprache wirkt andererseits leicht gestelzt. Man muss dieses 'R' schon sehr leicht und unbetont sprechen können, so wie es im Österreichischen ist - und gerade das kennzeichnet das typisch Österreichische -, wenn der Sprachfluss nicht ständig durch einen harten, rustikalen Laut unterbrochen werden soll.

Nun wird es auch guten Sprechern immer wieder passieren, dass besonders bei schnellem Sprechtempo das gerollte Zäpfchen-R ʀ nicht immer anspringt, sondern zu dem stimmlosen Reibelaut ʁ wird. Dieser darf allerdings nicht in einen Schnarchlaut ausarten, sonst entsteht ein velarer Reibelaut. Hier ist also genau zwischen dem stimmlosen uvularen Reibelaut ʁ und dem stimmlosen velaren Reibelaut x zu unterscheiden.

Der Mittelzungenvokal ɐ

Eine Schwierigkeit besonderer Art stellt die Aussprache und Darstellung des 'R' in Worten wie 'der', mir' und 'nur' dar. Es handelt sich hier um den sogenannten Mittelzungenvokal 'ɐ. Es ist unrealistisch, in der Lautschrift bei den Einsilbern 'de:ʀ, 'mi:ʀ und 'nu:ʀ vorzuschreiben. Das spricht kein Mensch. Die phonetische Wirklichkeit ist, dass bei all diesen und ähnlichen Worten das 'R' in einen kurzen, dunklen, A-Laut abgewandelt wird. Diese Abschleifung gilt bis heute als gemäßigte Hochsprache.

Natürlich darf dieser Laut nicht zu einem langen 'A' werden, so dass es 'miːɑ heißt statt 'miːɐ.

Im Wortinneren hat dieser Mittelzungenvokal ɐ nichts zu suchen. Es heißt nach wie vor ˈbɪʀkə und nicht ˈbɪɐkə. Anders ist es bei der auslautenden Silbe '-er' wie bei dem Wort 'Leder'. Auch sie wird mit jenem vokalisierten ɐ gesprochen: ˈledɐ.

Der stimmhafte Zungenspitzen-Vibranten r

Beim Zungenspitzen-Vibranten r flattert die Zungenspitze passiv gegen den oberen Alveolarenrand. Dabei unterbricht sie den Phonationsstrom, der die Schwingungen bewirkt. Die Zungenränder bilden beiderseits einen Verschluss mit der Oberzahnreihe, der Gaumensegelverschluss ist unvollständig. Wenn Sie den Zungenspitzenvibranten üben wollen, dann empfehle ich Ihnen die "Talma-Übung", so genannt nach dem französischen Schauspieler F.J. Talma (1763 – 1826):

r

tededa --- tedela --- tededa --- tedela --- tededa --- tedela
Tedeppe --- Tedeppe --- Tedeppe --- Tedeppe --- Treppe
Pedobe --- Pedobe --- Pedobe --- Pedobe --- Pedobe --- Probe
Tüdeke --- Tüdeke --- Tüdeke --- Tüdeke --- Tüdeke --- Türke.

Der stimmhafte uvulare Vibrant ʀ

Beim uvularen Vibranten ʀ hat die Zungenspitze Kontakt mit der Unterzahnreihe. Die Hinterzunge ist gegen das Zäpfchen gehoben. Beide schwingen bei der Phonation gegeneinander. Der Gaumensegelverschluss ist unvollständig.

Wenn dieses 'R' nicht 'anspringt', dann liegt es gewöhnlich daran, dass das Zäpfchen noch zu steif ist. Sie üben dieses 'R' am besten beim Gurgeln. Ich weise Sie nochmals darauf hin, dass dabei ein stimmloses Schnarchgeräusch zu vermeiden ist. Achten Sie auch darauf, dass Sie das 'R' an vorangehende Konsonanten eng anschliessen. Es darf kein Zwischenlaut entstehen, also nicht 'beringen' sondern 'bringen'.

Übungen:

R Ruder, roden, raten, reden, Rüden, ringen, Runde, Raute, reiten, Rotte, Retter, Ritter, rutschen, Rache, Rechen, Räuber.

Bitte achten Sie darauf, dass sich zwischen dem vorangehenden Konsonanten und dem 'R' kein Zwischenlaut bildet:

Pritsche, prellen, prall, pro, Prunk, spröde, prüde, Prälat, Brief, brennen, Brand, Brot, brummen, Brösel, Brei, Bräu, trinken, treten, trab, Tropen, Trug, Trog, trösten, trüb, drehen, drinnen, drall, Droge, Druck, Drücker, drängen, drei.
Friede, frech, froh, fragen, Frucht, fröhlich, Frau, Fräulein.
Wrack, Wrasen, wringen; kriechen, Krebs, Krach, Krücke.
Schrift, Schreck, Schraube, Schramme, schreiben, schrullig.

Auch nach dem 'R' darf kein Zwischenlaut entstehen:

Markt, merken, torkeln, Türke, turnen, Turm, Therme, durch, Furcht, Kirche, Erde, wirklich, werken.

Übungstexte:

Roland, der Riese, am Rathaus zu Bremen steht er,
ein Standbild trotzig und treu. (Rückert)

Ein gebochenes Versprechen
ist ein gesprochenes Verbrechen. (Rückert)

Getretener Quark wird breit, nicht stark. (Goethe)

Pfosten stürzen, Fenster klirren,
Kinder jammern, Mütter irren,
Tiere wimmern unter Trümmern. (Schiller, Glocke)

Wo ein grausames Recht regiert,
sehnt sich das Volk nach der Rechtlosigkeit. (Lec)

Es hat der Dieb ein freies Recht zum Raub,
wenn erst der Richter stiehlt. (Shakespeare, Maß für Maß)

Es reden und träumen die Menschen viel
von besseren künftigen Tagen;
nach einem glücklichen, goldenen Ziel
sieht man sie rennen und jagen.
Die Welt wird alt und wird wieder jung,
doch der Mensch hofft immer Verbesserung. (Schiller)

Rasch tritt der Tod den Menschen an,
es ist ihm keine Frist gegeben;
es stürzt ihn mitten in der Bahn,
es reißt ihn fort vom vollen Leben.
Bereitet oder nicht zu gehen,
er muss vor seinem Richter stehen! (Schiller, Wilhelm Tell)

Mich drängt's, den Grundtext aufzuschlagen,
mit redlichem Gefühl einmal
das heilige Original
in mein geliebtes Deutsch zu übertragen. (Goethe, Faust I, Studierstube)

Von Zeit zu Zeit seh' ich den Alten gern,
und hüte mich, mit ihm zu brechen.
Es ist gar hübsch von einem großen Herrn,
so menschlich mit dem Teufel selbst zu sprechen. (Goethe, Faust I, Prolog im Himmel)

Der Hauchlaut H CD Nr. 14

h	Hauchlaut	Haus, Ahorn, Kind-heit	hɑos, ˈɑhɔʀn, ˈkɪnthɑet

Das 'H' bezeichnet in unserer Sprache den gehauchten Vokaleinsatz. Dabei reibt sich die Atemluft an den Stimmlippen. Diese sind einander angenähert, schwingen aber nicht. Das 'H' darf dabei nicht zu einem halsigen Reibelaut werden, wie wir dies aus manchen osteuropäischen Sprachen kennen. Dann würde aus ˈhɑːbən ein halsiges ˈxɑːbən werden.

Der Vokaleinsatz erfolgt mit einem kurzen Hauch bei minimalem Luftverbrauch. Die Stellung von Lippen, Zunge, Kiefer und Gaumensegel richtet sich stets nach dem folgenden Vokal. So wird der Hauchlaut über die bereits eingenommene Vokaleinstellung 'hinweg gesprochen'.

In der deutschen Sprache wird das 'H' mithin nur vor einem nachfolgenden Vokal gesprochen. Als selbständiger Laut ist es nicht existent. Es steht im Anlaut der Wörter oder am Anfang einer voll- oder nebentonigen Silbe sowie in den Ableitungssilben ' -heit' und ' -haft'. Jedes andere 'H' in der deutschen Rechtschreibung hat einen rein orthographischen Wert: Es zeigt die Dehnung des vorangegangenen Vokals an und bleibt in der Aussprache stumm. So wird beispielsweise das Wort 'Ehe' ohne hörbares 'H' gesprochen: 'eːə.

Übungen:

h

Hobel, holen, Honig, Hefe, helfen, Henne, her, hin, hier, Hiebe, hiesig, Hifthorn, Hahn, haben, Hagel, Hafer, Hund, Huhn, Humpen, Hube, hören, hüben, heulen, heilen, Haus, Haufen, Haut.

Alkohol, Ahorn, Uhu, Wilhelm, Brünhilde, Giselher, Gotthold, Gehalt, Gehörn, Gehölz, geheuer, gehauen, gehindert, geheilt.

anheben, anhalten, anheften, abhärten, abhelfen, abholen.
erheben, erhalten, erhören, enthüllen, enthalten, entheben.

Klugheit, Dunkelheit, Faulheit, Frechheit, Dummheit, Weisheit, Laschheit, Kindheit, Blindheit, Krankheit.

fabelhaft, musterhaft, glaubhaft, traumhaft, herzhaft, bildhaft, sündhaft, lebhaft, habhaft.

Das 'H' bleibt als Dehnungs-H stumm:

Ehe, Rehe, Zehe, Frühe, Mühe, Lehen, wehen, sehen, gehen, stehen, Nähe, ruhig, nähern, Lohe, glühen, sprühen, ziehen, fliehen.

Übungstexte:

Herz und Hand.
Himmel und Hölle.
Von allen Hunden gehetzt.
Ein hungriges Huhn träumt von Hirse.

Der Himmel ist hoch,
man kann sich nicht daran halten.

Wenn man selber nicht hangen will,
so muss der Hund die Wurst gestohlen haben.

Was Hänschen versäumte, holt Hans nicht mehr ein.

Wenn die Henne kräht und piept der Hahn,
so steht's dem Hause übel an.

Trost fürs Herz ist halbe Heilung.

Doch werdet ihr nie Herz zu Herzen schaffen,
wenn es euch nicht von Herzen geht. (Goethe, Faust I)

Hier ist gut sein, hier lasst uns Hütten bauen. (Matthäus)

In diesen heil'gen Hallen kennt man die Rache nicht. (Zauberflöte)

Lasst jede Hoffnung hinter euch, ihr, die ihr eintretet. (Dante)

Die Reibelaute W - F CD Nr. 15

v	stimmhafter, labiodentaler Reibelaut	Welt, Villa	vɛlt, ˈvɪlɑ
f	stimmloser, labiodentaler Reibelaut	Feind, Vesper	faent, ˈfɛspɐ

Das 'W'

Das 'W' ist ein stimmhafter Reibelaut. Die Unterlippe wird an die Oberzahnreihe gelegt. Die Unterlippe darf nicht an die Oberlippe geführt werden. Sonst entsteht jener bilabiale W-Laut, der in der englischen Sprache als das sogenannte 'double – u' in Wörtern wie 'when' und 'what' gesprochen wird. Übrigens gilt für diesen englischen bilabialen Reibelaut in der internationalen Lautschrift das Zeichen 'w'. Das Lautschriftzeichen für unseren labiodentalen Laut ist das Zeichen 'v'. Die Kiefer sind beim 'W' gering geöffnet. Die Zunge liegt flach im Unterkiefer, und die Zungenspitze hat Kontakt mit den unteren Schneidezähnen. Der Nasenraum ist nicht völlig geschlossen.

Es ist wesentlich, dass der Konsonant stimmhaft gesprochen wird und das Reibegeräusch an der Unterlippe deutlich hör- und spürbar ist. Auch darf er nicht vokalisch aufgelöst werden, wie dies nach den Konsonanten 'K', 'Sch', 'Z' und 'T' leicht geschieht. Sonst wird aus 'zwei' 'tsvɑe ein 'tsuɑe.

Das Schriftzeichen 'V' wird in unserer Sprache sowohl stimmlos als auch stimmhaft gesprochen, und zwar stimmlos in den früh eingedeutschten Fremdwörtern wie 'Vater', 'Vesper' und 'Veilchen' und stimmhaft in jungen Fremdwörter wie 'Villa', 'Viola' und 'November'. Allerdings verliert dieses stimmhafte 'V' im Auslaut die Stimme und wird dann wieder stimmlos als 'F' gesprochen. Es heißt also nɛʀˈvøːs, aber der 'nɛʀf; die Mehrzahl heißt ˈnɛʀfən und nicht ˈnɛʀvən.

Eine besonders enge Lautverbindung geht das 'W' mit einem vorangegangenen 'K' ein. Hier erscheint in der Orthographie das Schriftzeichen 'QU'. Sprechen Sie dieses

Schriftzeichen als 'kv'. Die Lautverbindung 'KW" darf' weder vokalisch aufgelöst werden - dann würde die 'Quelle' kuˈɛlə heißen statt ˈkvɛlə - noch darf sich ein Gleitvokal zwischen 'K' und 'W' schieben: kɑvˈɛlə statt des richtigen ˈkvɛlə.

Drei Aussprachefehler kommen beim 'W' immer wieder vor:

a) Der Laut wird so flüchtig gebildet, dass gar keine Reibung entsteht und er somit überhaupt nicht gesprochen wird.
b) Der Laut wird nicht durch die Reibung zwischen Unterlippe und Oberzahnreihe gebildet, sondern bilabial, also mit beiden Lippen.
c) Die Unterlippe wird so fest an die Oberzahnreihe angedrückt, dass keine Reibung, sondern ein Verschluss entsteht, der dann auch tatsächlich aufgesprengt wird.

Übungen:

V

Wonne, wo, wohnen, wollen, Wunde, Wunsch, Wust, Wut, wusste, Wanne, wallen, Wahn, Wahl, waschen, wessen, Wesen, Wetter, wissen, wittern, Wiese, wen, wähnen, wölben, Wölfe, Wüste.
beweisen, anwenden, umwandeln, inwendig, auswendig, bewerten.
Löwe, Möwe, Uwe, Ewald, ewig, etwas, Gewehr, Gewohnheit.

Achten Sie bitte darauf, dass sich zwischen den vorausgegangenen Konsonanten und das 'W' kein Gleitlaut einschiebt:

Schwof, schwül, schwer, schwatzen, schweigen, Schwung, Schwur.
Zweck, zwei, Zwirn, zwölf, Zweifel, Zwist, zwicken, Zweig, Zwetsche, Zwieback, Zwiebel, Zwilling, zwischen, Zwitter, zwinkern.
Quelle, Qualle, quer, Quark, quetschen, quietschen, Quirl.

Auch wenn in einem Wort zwei 'W' erscheinen, sprechen Sie beide deutlich und stimmhaft aus:

Westwind, wiewohl, wunderwirkend, weltweit, Wüstenwind, Wettbewerb, Wiesenweg, Wirtschaftswunder, Winterwald, wünschenswert.

Übungstexte:

Wer wagt, gewinnt.

Wünsche sind wie Wolken.

Warmer Wüstenwind weht über die wandernde Karawane.

Ein Advokat und ein Wagenrad wollen geschmiert sein.

Wer den Flüssen wehren will, muss die Quellen verstopfen.

Wer was will gelten, der komme selten.

Alle Menschen sind Würmer, und ich bin ein Glühwürmchen.

Die Waage gleicht der großen Welt,
das Leichte steigt, das Schwere fällt.

Die Freundschaft, die der Wein gemacht,
wirkt, wie der Wein, nur eine Nacht. (Logau)

Wenn ich wollte, was ich sollte,
könnt' ich alles, was ich wollte.

Wenn überhaupt keine Winde wehen, -
hat sogar der Wetterhahn auf dem Kirchturm Charakter. (Lec)

Ohnmächtige Wut wirkt Wunder (Lec)

Sprichworte widersprechen sich.
Und das ist eben Volksweisheit. (Lec)

Der ist nicht wert des Weines,
der ihn wie Wasser trinkt. Bodenstedt)

Der Wunder höchstes ist, dass uns die wahren, echten Wunder
so alltäglich werden können, werden sollen. (Lessing)

Die Welt glaubt nicht an die Gerechtigkeit des Weibes,
sobald ein Weib das Opfer ist. (Schiller)

Wein und Weib und Würfel ist ein dreifach W. (Hoffmann v. Fallersleben)

Ein Wahn, der mich beglückt,
ist eine Wahrheit wert,
die mich zu Boden drückt. (Wieland)

Erquickung hast du nicht gewonnen,
wenn sie dir nicht aus eigner Seele quillt. (Goethe)

Wär' der Gedank' nicht so verwünscht gescheit,
man wär' versucht, ihn herzlich dumm zu nennen. (Schiller)

O glücklich, wer noch hoffen kann,
aus diesem Meer des Irrtums aufzutauchen.
Was man nicht weiß, das eben brauchte man,
und was man weiß, kann man nicht brauchen. (Goethe, Faust I)

O schwöre nicht beim Mond, dem wandelbaren,
der immerfort in seiner Scheibe wechselt,
damit nicht wandelbar dein Lieben sei! (Shakespeare, Romeo)

Das 'F'

Das 'F' ist ein stimmloser Reibelaut. Er wird im Grunde genau wie das 'W' gebildet. Nur schwingen beim 'F' die Stimmlippen nicht mit, der Laut ist eben stimmlos. Der Gaumensegelverschluss ist vollständig. Achten Sie auch bei diesem Konsonanten auf eine kraftvolle Artikulation. Das Reibegeräusch soll deutlich hörbar sein. Dabei darf es nicht, wie dies leicht zwischen zwei Vokalen geschieht, stimmhaft gesprochen werden, so dass aus 'Ofen' ein 'Owen' wird.

Treffen 'F' und 'W' an Wortgrenzen zusammen, dann artikulieren Sie jeden einzelnen Konsonanten klar und deutlich. Das 'F' darf nicht im 'W' verschwinden. 'Auf Wiedersehen' heißt aofˈviːdɐzeːən.

Sprechen Sie 'PH' stets als 'F' . 'Symphonie' zymfoˈniː und 'Physik' fyˈziːk.

Achten Sie bei der Lautgruppe 'PF' darauf, dass Sie das 'P' deutlich aussprechen. Sonst wird aus einem 'Pferd' ein 'Ferd'.

Übungen:

f

vom, voll, foppen, Fund, Fundament, Fulda, finden, Finger, fegen, Fächer, Fass, fasslich, Faust, fauchen, feig, Firn, fohlen, Foto, Fusel, Fuhre, Fahne, Faden, Fehler, Feder, Fieber, Fidel, Föhre, Fähre, führen, Feuer, Feier, Faun.

befohlen, befehlen, befinden, anfeinden, anfeuern, anfeuchten.

Schweif, schief, tief, Schiff, Schlaf, Ruf, elf, zwölf, auf.

Flamme, fließen, fluchen, flüchten, flechten, flimmern, Flaum.

Hanf, sanft, Zunft, fünf, Senf, --- Trumpf, Strumpf, Schimpf, Pfingsten, Pferd, pflegen, pflügen, pflanzen, Pflaume, Pflock.

Pharao, Sphinx, Phantasie, Phonetik, Philosophie, Phosphor.

Unterscheiden Sie bei dem Schriftzeichen 'V' zwischen stimmlosen und stimmhaften Reibelauten:

	f		v	f		v	f		v
f,v	Vater	---	Vasall	Nerven	---	nervig	verändern	---	Veranda
	Veilchen	---	Villa	Nerv	---	nervös	Veit	---	Vehikel
	vier	---	Aktivum	brav	---	bravo	viel	---	Vikar

<u>Übungstexte:</u>

Feuer fängt mit Funken an.

Man muss die Feste feiern, wie sie fallen.

Ein einz'ger Funke, wenn er angefacht,
hat einer Welt oft Untergang gebracht.

Dem fliehenden Feinde baue goldene Brücken.

Versöhnter Feindschaft und geflickter Freundschaft ist wenig zu trauen.

Faulheit ist die Furcht vor bevorstehender Arbeit. (Cicero)

Vernunft hat jeder; aber wie wenige sind vernünftig.

Fürchte dich nicht vor dem, was zu fürchten ist,
fürchte dich nur vor der Furcht.

"Ich fühle, mir wachsen Flügel!" - sagte die Maus.
"Na und, Frau Fledermaus?" (Lec)

Lernt aus den Erfahrungen der Ornithologen:
wenn Schriftsteller ihre Flügel entfalten sollen,
müssen sie die Freiheit besitzen, sich ihrer Federn zu bedienen. (Lec)

Dem Friedlichen gewährt man gern den Frieden. (Schiller)
Ein Vergnügen erwarten, ist auch ein Vergnügen. (Lessing)

Ein vollkommener Widerspruch bleibt gleich geheimnisvoll für Kluge wie für Toren.
(Goethe)

Verachte nur Vernunft und Wissenschaft,
des Menschen allerhöchste Kraft. (Goethe)

Vergangenes und Zukünftiges verdeckt formloser Schutt
und Trümmer des Vergessens. (Shakespeare)

Vom Vater hab' ich die Statur,
des Lebens ernstes Führen,
vom Mütterchen die Frohnatur
und Lust zu fabulieren. (Goethe)

Wie nur dem Kopf nicht alle Hoffnung schwindet,
der immerfort an schalem Zeuge klebt,
mit gier'ger Hand nach Schätzen gräbt,
und froh ist, wenn er Regenwürmer findet. (Goethe)

Die Reibelaute S - SS CD Nr. 16

z	stimmhafter, alveolarer Reibelaut	singen, langsam	ˈzɪŋən, ˈlaŋzaːm
s	stimmloser, alveolarer Reibelaut	essen, Ast, Ross	ˈɛsən, ast, ʀɔs

Der stimmhafte und der stimmlose Reibelaut 'S' unterscheiden sich in ihrer Bildung allein dadurch, dass beim stimmhaften 'S' die Stimmlippen schwingen und beim stimmlosen nicht. Die genaue Bildung des S-Lautes ist von zentraler Bedeutung, da er die geringste Artikulationsbreite besitzt. Dies heißt, dass jede auch noch so geringe Abweichung von der korrekten Bildung zu einer Fehlartikulation führt. Daher sind die sogenannten 'S-Fehler', die Sigmatismen, besonders häufig und oft schwer zu beheben.

Bei der Bildung der S-Laute geben die Lippen die Beißkante der oberen und unteren Schneidezähne frei. Der Unterkiefer wird leicht nach vorn gezogen und nähert sich dem Oberkiefer. Die oberen und unteren Schneidezähne bilden so eine scharfe Kante, an der sich der Luftstrom genau in der Mitte des Mundes schneidet und das charakteristische S-Geräusch entstehen lässt. Der Zungenkörper leitet den Luftstrom auf die Beißkanten der Zähne. Dabei sind die Ränder der Zunge rechts und links nach oben gewölbt und liegen an den Alveolen der Backenzähne an. So kann die Luft nicht seitlich entweichen. Die Zungenspitze liegt an den Alveolen der unteren Schneidezähne an. Von hier aus wölbt sie sich in Richtung auf die oberen Schneidezähne hin, ohne diese zu berühren. Der Zungenrücken bildet auf diese Weise von hinten nach vorn eine Rille, durch die die Luft geführt wird. Diese Rille ist hinten breiter und wird zur Spitze hin immer enger. Das Gaumensegel, das Velum, schließt den Nasenraum ab.

Diese Form der S-Bildung heißt die 'dorsale S-BIldung'. Die Bezeichnung leitet sich von Lateinisch 'dorsum' Rücken' ab und meint hier den Zungenrücken.

Es gibt noch eine andere, die 'apikale S-Bildung', von 'apicicurvisch' 'am Ende gekrümmt'. Hier bildet die hinter den oberen Schneidezähnen liegende Zungenspitze eine Längsrille, ohne an den Zahndamm zu stoßen, durch die die Luft nach vorn geleitet wird. Beide Bildungsformen sind möglich, jedoch ist die dorsale Bildung zu bevorzugen, da sie sicherer zu erzielen ist.

Gerät bei der S-Bildung die Zunge zwischen die Zähne, so führt das zum 'Sigmatismus interdentalis', dem besonders bei Kindern häufig anzutreffenden 'Lispeln'. Wird die Enge seitlich gebildet, so reibt sich die Luft an der Oberkante der Unterlippe und es entsteht der 'Sigmatismus lateralis'. Solche Sigmatismen sind wegen der Schwierigkeit der S-Bildung bei kleinen Kindern häufig und nicht weiter schlimm. Meistens korrigieren sie sich von selbst. Sollten sie allerdings beim Schulantritt noch nicht behoben sein, so nehmen Sie fachmännische Hilfe in Anspruch. Sonst wird ein Kind schnell ausgelacht und kann seelischen Schaden nehmen.

Das stimmhafte 'S' wird in der Lautschrift mit einem z dargestellt. Bei diesem Laut gibt es zusätzlich zu den beschriebenen Sigmatismen einen häufigen Fehler. Er besteht darin, dass das z immer stimmlos gesprochen wird und ˈzɔnə wie ˈsɔnə und ˈzeːən wie ˈseːən klingt. Das stimmlose s und das stimmhafte z klingen dann gleich. Achten Sie auf den Unterschied zwischen den beiden Lauten.

Wenn auf ein stimmloses s ein stimmhaftes z folgt, dann sprechen Sie beide Laute direkt nacheinander ohne abzusetzen. Dann geht das stimmlose s in das stimmhafte z über: 'aussehen' ˈɑoszeːən. Der Atemstrom wird zum Phonationsstrom, ohne dass Sie bei der Bildung im Ansatzrohr, also bei der Zunge und den Zähnen, etwas ändern.

Natürlich dürfen Sie beim stimmhaften z im Anlaut mit dem Phonationsstrom erst einsetzen, wenn Sie den Laut gebildet haben. Wenn der Phonationsstrom vorher einsetzt, dann klingt ein störendes ə voraus, und aus 'Sonne' ˈzɔnə' wird əˈzɔnə.

Sprechen Sie die Endsilben '-sel', '-sal' und '-sam' immer mit stimmhaftem z.

Das stimmlose s erscheint in der orthographischen Schreibung als Cs', 'ss' und 'ß'. Artikulieren Sie es möglichst scharf und hell. In der Lautverbindung 'TS' wird es meist mit einem 'Z' geschrieben. Hierbei achten Sie darauf, dass Sie das 'T' scharf bilden und 'Salz' nicht wie 'Sals' klingt. Unterscheiden Sie auch genau zwischen 'ganz' 'gɑnts und 'Gans' 'gɑns.

Die Lautverbindung 'KS' findet sich in verschiedenen Schreibweisen wieder. Sie kann sowohl mit 'X' als auch mit 'CKS' geschrieben werden, und im Auslaut wegen der Auslautverhärtung auch mit einem 'GS': 'Hexe' ˈhɛksə, 'du weckst' duː 'vɛkst, 'du liegst' duː 'liːkst. Die Lautverbindung 'KS' kann auch als 'CHS' geschrieben werden, wenn sie in einem Wortstamm fest zusammen gehört: 'der Dachs' deːɐ 'dɑks. Anders ist die Genitivbildung: 'des Dachs' dɛs 'dɑxs.

Übungen:

Z

Sohn, Sohle, Sonne, solche, Sehne, sehen, Senne, senden, Sieg, sieden, Sitte, sitzen, Sahne, sagen, Sack, Sattel, Sud, Sulla, Summe, Sünde, Söller, sägen, seufzen, Seife, saufen.

Achten Sie bitte darauf, dass Sie auch die Silben '-sel', '-sal' und '-sam' mit stimmhaftem z sprechen. Folgt ein stimmhaftes z auf einen harten Verschlusslaut 'P', T' oder 'K', so sprengen Sie den Verschlusslaut nicht. Führen Sie ihn nach der ersten Lautphase, nämlich bereits nach der Kompression, gleich in das stimmhafte z (siehe Kapitel 'Die Verschlusslaute B - P'). Sonst tritt eine störende Pause ein, oder das stimmhafte z wird ohne dass Sie es wollen zum stimmlosen s. Auf die genannte Weise wird Ihnen leicht die korrekte Aussprache gelingen: 'Labsal' ˈlaːpzaːl, 'furchtsam' ˈfʊʀçtzaːm und 'folgsam' ˈfolkzaːm.

Z

Rätsel, Mitbringsel, Anhängsel, Füllsel, Amsel, Insel.
Schicksal, Rinnsal, Mühsal, Scheusal, Labsal, Bruchsal.
achtsam, sittsam, langsam, folgsam, duldsam, seltsam.

s

Ost, Ostern, West, Weste, bist, hissen, List, wissen, Hast, lassen, Rast, fassen, Lust, Fluss, müssen, bös', lästern, heißen, beißen, reißen, äußern, außen, draußen, Häuschen.

Artikulieren Sie bei der Verbindung von stimmlosem und stimmhaftem 'S' beide Laute deutlich, ohne dass Sie dazwischen absetzten:

sz

Aussicht, aussehen, es muss sein, es sind, was soll das?, weissagen, Hans Sachs, Waldessaum, aussetzen, aussagen, leis' summt, das sagt, Himmelssegen, Preissenkung, dies sei, muss sein, lass sehen, es sind, dasselbe.

Unterscheiden Sie genau zwischen stimmhaftem z und stimmlosem s:

z,s

z		s	z		s	z		s
Hasen	---	hassen	Faser	---	fassen	Gemüse	---	müssen
Rasen	---	Rasse	Nase	---	nass	Bluse	---	plustern
blasen	---	blass	Rose	---	Rosse	Friese	---	frisst

Artikulieren Sie beim Buchstaben 'Z' scharf und präzise:

ts

Zobel, Zoll, zehn, Zensur, Zirkus, Zirpe, Zahn, Zaum, zagen, Zug, zucken, zeigen, zeugen, zausen, Zöllner, züchtig, Zucker, Zweifel, zwicken, zwölf, Zwang, Zwilling, zwischen, zwanzig, Tageszeit, ausziehen, Reißzwecke, Zinseszins, Zusatz, Zession.

Unterscheiden Sie nun deutlich zwischen s und ts:

s,ts

s		ts	s		ts	s		ts
Gans	---	ganz	Reis	---	Reiz	meins	---	Mainz
Hals	---	Salz	Geiß	---	Geiz	Fels	---	Pelz

Aus der Vorsilbe 'ent-' und einem folgenden stimmhaften z darf kein ts werden. Artikulieren Sie auch hier ganz genau:

tz Entsetzen, entsenden, entsinnen, entsühnen, entsäuern, entseelt, entsiegelt, entsichern, entsagen, entsorgen.

Auch die Lautkombination von 'S' und 'SCH' erfordert Aufmerksamkeit. Die beiden Laute s und ʃ dürfen nicht verschmelzen, das heißt: Sie dürfen das s nicht verschlucken. Sprechen Sie s und ʃ beide klar und deutlich aus:

sʃ ausschenken, ausschütten, ausschließen, ausschlachten, ausschlagen, aussprechen, ausschreiben, ausspucken, ausschlafen, ausschlürfen.

Treffen in einem Wort oder an der Wortgrenze 'S' und 'TS' zusammen, so artikulieren Sie jeden Laut genau:

sts Reißzwecke, Reißzeug, aus Zufall, als Zweifel, das Zimmer, es zwitschert, Szene, Szepter.

Die Lautverbindung 'KS' ergibt sich aus verschiedenen orthographischen Verbindungen:

ks als 'X' geschrieben:
Hexe, Taxi, Xanten, Xaver, Xanthippe, Xerxes, Xylophon.

als 'GST' geschrieben und kst gesprochen wegen Auslautverhärtung:
liegst, wiegst, sagst, fragst, magst, taugst, saugst, borgst.

als 'CKS' geschrieben:
weckst, schmeckst, pickst, flickst, stickst, muckst, schluckst.

als 'CHS' geschrieben innerhalb eines Wortstammes:
Fuchs, Luchs, Dachs, Wuchs, Wachs, Lachs, Flachs.

Übungstexte:

Von Haus zu Haus.

Gruß und Kuss.

In Saus und Braus.

Sonne und Sand.

Blitz auf Blitz.

Zug um Zug; Zahn um Zahn, der Zahn der Zeit.

Der Hirte sammelt seine satte Herde.

Selig lächelnd wie ein satter Säugling. (Morgenstern)

Es reißt sich los das rasche Ross.

Der Geiz und der Bettelsack sind bodenlos.

Wenn die Katze fort ist, tanzen die Mäuse.

Zwerge bleiben Zwerge, wenn sie auch auf Alpen sitzen.

Den Geizhals und ein fettes Schwein
sieht man im Tod erst nützlich sein. (Logau)

Das Gesicht meines Feindes entsetzt mich,
weil ich sehe, wie sehr es meinem eigenen ähnelt. (Lec)

Ein Tag der Gunst ist wie ein Tag der Ernte:
man muss geschäftig sein, sobald sie reift. (Goethe)

Wenn alles stimmen soll, muss etwas nicht stimmen. (Lec)

Ex oriente lux, ex occidente luxus. (Lec)

Was übrig lässt Christus, das holt der Fiskus.

Wer sich selber zum Esel macht, dem will jeder Säcke aufladen.

Der Wein erfindet nichts, er schwatzt's nur aus. (Schiller)

Die ewige Gerechtigkeit zu sühnen, starb an dem Holze Gottes Sohn. (Schiller)

Sehen Sie sich um in seiner herrlichen Natur!
Auf Freiheit ist sie gegründet,
und wie reich ist sie durch Freiheit. (Schiller, Don Carlos)

So ihr solches wisset, selig seid ihr, so ihr es tut. (Johannes)

Zu weit getrieben verfehlt die Strenge ihres weisen Zwecks,
und allzu straff gespannt, zerspringt der Bogen. (Schiller)

Es lebt sich so herrlich,
es lebt sich so süß,
am Seinestrand,
in der Stadt Paris. (Heine)

Jungfräuliche Seelen gibt es,
die nach grüner Seife riechen,
und das Laster hat zuweilen
sich mit Rosenöl gewaschen. (Heine)

Sich selbst bekämpfen ist der allerschwerste Krieg;
Sich selbst besiegen ist der allerschönste Sieg. (Logau)

Wie Sie sehen, sehen Sie nichts.
Warum Sie nichts sehen, werden Sie gleich sehen. (aus Professorenmund)

Die Reibelaute SCH CD Nr. 17

ʃ	einheitlicher, stimmloser palato-aveolarer Reibelaut mit Lippenstülpung	schön, Asche, Spiegel	ʃøːn, ˈaʃə, ˈʃpiːgəl
ʒ	einheitlicher, stimmhafter palato-aveolarer Reibelaut mit Lippenstülpung	Genie, Loge	ʒeˈniː, ˈloːʒə

Die Schreibweise 'SCH' bezeichnet keine Lautverbindung, sondern einen einheitlichen Reibelaut. Nur wenn an ein auslautendes 'S' die Verkleinerungssilbe '-chen' kommt, werden 'S' und 'CH' getrennt gesprochen: 'Häschen' ˈhɛːsçən.

Die Lippen sind geöffnet und gerundet. Sie sind wie bei der U-Stellung kräftig vorgestülpt. Die Kieferöffnung ist gering. Der Zungenrücken ist aufgewölbt, und die Zungenränder bilden einen Abschluss am harten Gaumen. Der Phonations- bzw. Atemstrom entweicht durch die pfeilförmige Rinne des Zungenrückens. Diese ist breiter als beim S-Laut. Die Zungenspitze reicht nicht ganz bis an die oberen Schneidezähne. Das Gaumensegel ist geschlossen. Der Laut klingt hell und energisch.

Bei den Verbindungen 'ST' und 'SP' wird das 'S' im Anlaut und auch bei Wortzusammensetzungen stets als ʃ gesprochen. Im Inlaut und im Auslaut bleibt das 'S' immer ein 'S', je nach dem stimmlos oder stimmhaft. Der im Norddeutschen übliche ˈspɪtsə stɑen ist ebenso wenig hochsprachlich wie die im alemannischen Sprachraum übliche Aussprache des inlautenden 'SP' und 'ST' als ʃp und ʃt. Es heißt ˈgɑest und nicht ˈgɑeʃt. Obwohl in den meisten Fremdsprachen anlautendes 'ST' und 'SP' auch ohne den Sch-Laut gesprochen werden, hat sich bei vielen gebräuchlichen Fremdwörtern die Aussprache ʃt und ʃp bei uns eingebürgert. Allerdings ist der Gebrauch oft schwankend. Mit Sicherheit ist zwischen ʃtaːʁ - dem Vogel - und staːʁ - dem Stern oder auch 'Filmstar' - , zwischen ʃtʀɪkən 'stricken' und 'stʀɪkt 'strikt und zwischen ʃtiːl 'Stiel' und stiːl 'Stil' zu unterscheiden.

Bitte achten Sie darauf, dass sich zwischen n und ʃ oder l und ʃ durch Aufheben des Gaumensegels kein t schiebt: Es heißt 'mɛnʃ und nicht 'mɛntʃ, 'vʊnʃ und nicht 'vʊntʃ und 'falʃ und nicht 'faltʃ.

Der dem ʃ entsprechende stimmhafte Laut ʒ kommt hochsprachlich bei uns nicht vor, findet sich aber, auch in der Verbindung dʒ, in vielen eingebürgerten Fremdworten: 'Genie' ʒeˈniː. Dagegen wird 'Genius' als ˈgeːniʊs ausgesprochen, da es direkt aus dem Lateinischen abgeleitet ist.

Übungen:

ʃ

Scholle, Schoß, schon, Schelle, Schelm, schelten, Schicht, Schiefer, Schiff, Schaden, Schaf, Schall, schön, schüchtern, Frosch, Fisch, Fleisch, Tusch, Tausch, Rausch, fesch, rasch.
schmollen, Schnute, Schwund, Schrein, Schrift, Schrot.
Spott, Spaß, Sperber, Spur, Spinne, Stein, Stolz, Stelle, Staub.

ʒ

Genie, Giro, Gage, Blamage, Loge, Etage, Regie, Regisseur, Jalousie, Jackett, Gendarm, genieren, Gelee, Georges, Gigue, changieren, Gigolo, Jargon, Journal.

dʒ

Job, John, Gin, Gentleman, Giotto (ˈdʒɔto), Angelo (ˈandʒelo), Adagio (aˈdaːdʒo).

Eine Reihe fremder Wörter ist bereits so im deutschen Sprachgebrauch eingebürgert, dass bei ihnen anlautendes 'ST' und 'SP' als ʃ gesprochen werden:

Spanien, Spital, Sport, Spinat, Spiritus, Spion, Spinett, Stadion, Statue, Strapaze, Streik, Strophe, Student, Stenographie.

Bei anderen hingegen heißt es noch 'SP' und 'ST':

Spektakel, Stimulans, Stigma, Stil, Stereoskop, stagnieren.

Achten Sie bitte auch bei Verdopplungen auf eine saubere Bildung des ʃ:

Waschtisch, Mischmasch, Schneeschuh, Stillschweigen, Schießscheibe, Schwalbenschwanz, Vermittlungsausschuss.

Übungstexte:

Es ist schwer, einem Schwein etwas Schlechtes abzugewöhnen.

Kleine Geschenke erhalten die Freundschaft.

Wer den Schaden hat, braucht für den Spott nicht zu sorgen.

Verstand ist ein Edelstein, der am schönsten glänzt, wenn er in Demut gefasst ist.

Lautsprecher verstärken die Stimme, nicht die Argumente.

Dreitägiger Fisch taugt auf keinen Tisch
und dreitägiger Gast wird leicht zur Last.

Die Menschen sind nicht immer, was sie scheinen. (Lessing, Nathan)

Du glaubst zu schieben, und du wirst geschoben. (Goethe, Faust I)

Fürchtet die Gottheit des Schwert's,
eh' ihr's der Scheid' entreißt. (Schiller, Jungfrau von Orleans)

Nur der Starke wird das Schicksal zwingen,
wenn der Schwächling untersinkt. (Schiller)

Es lebt ein Gott, zu strafen und zu rächen. (Schiller)

Steck' deine Ungeduld in die Scheide,
gieß' kaltes Wasser auf deinen Zorn. (Shakespeare)

Unter vielen schlimmen Dingen ist das schlimmste eine scharfe Zunge. (Schiller)

Verleumdung, - sie schneidet schärfer als das Schwert. (Schiller)

Werft das Scheusal in die Wolfsschlucht. (Kind-Weber, Freischütz)

Die Geisterwelt ist nicht verschlossen;
dein Sinn ist zu, dein Herz ist tot!
Auf, bade, Schüler, unverdrossen
die ird'sche Brust im Morgenrot! (Goethe, Faust I)

Das drängt und stößt,
das rutscht und klappert!
Das zischt und quirlt,
das zieht und klappert!
Das leuchtet, sprüht und stinkt und brennt!
Ein wahres Hexenelement. (Goethe, Faust I, Hexenküche)

Wo man auch steht, man steht stets auf jemands Zeh.

Ein Frühlingsstrauß für ihren Frühstückstisch.

Die Reibelaute J - CH CD Nr. 18

j	stimmhafter, palataler Reibelaut	ja, jung	jaː, jʊŋ
ç	stimmloser, palataler Reibelaut	ich, Eiche, Chemie	ɪç, aeçə, çeˈmiː
x	stimmloser, velarer Reibelaut	ach, Buche, auch	ax, ˈbuxə, aox

Das 'J'

Das 'J' entspricht als stimmhafter Reibelaut dem stimmlosen palatalen 'CH' ç. Die Zungenspitze hat Kontakt mit der unteren Zahnreihe. Der Vorderzungenrücken wölbt sich gegen den harten Gaumen. Die Zungenränder bilden beiderseits einen festen Verschluss, so dass der Phonationsstrom nur durch eine enge mittlere Rille zwischen dem Zungenrücken und dem hartem Gaumen genau in der Mitte des Mundes entweichen kann. Das Gaumensegel ist nur unvollständig geschlossen. Dieser J - Laut kommt in der deutschen Sprache nur im Anlaut vor und findet sich im Inlaut lediglich bei einigen Worten nichtdeutschen Ursprungs.

Achten Sie darauf, dass das 'J' ein sauberes 'J' ist. Wenn die Verengung am Gaumen nicht ausreichend ist, entsteht leicht der akustische Eindruck eines nichtsilbischen 'I' (siehe Kapitel 'Die Vokale' bei den I-Lauten). Dann klingt das Wort 'jung' wie 'ˈĭʊŋ statt 'jʊŋ. Ebenso darf natürlich dieses nichtsilbische 'I', da wo es hingehört, nicht als 'J' gesprochen werden. 'Dahlie' heißt nicht ˈdaːljə, sondern ˈdaːl ĭə.

In den norddeutschen Mundarten wird dem 'J' gern ein 'D' vorangestellt. Dann klingt 'jung' wie 'djʊŋ oder gar 'dʒʊŋ.

Sprechen Sie den Laut stets stimmhaft. Sonst nähert er sich im Klang einem 'CH' ç.

Bei einigen Worten englischen Ursprungs wird das 'Y' als 'J' gesprochen, beispielsweise bei 'Yankee' ˈjɛŋkiː.

Bei gebräuchlichen französischen Worten verschmelzen 'nj' und 'lj': 'Champagner' ʃamˈpanjəʀ und 'Billard' 'bɪljaʀt.

Übungen:

j

Joppe, Jolle, Justiz, Just, Jakob, ja, Jambus, jetzt, Jaulen, jeder, Jade, Jäger, jäh, Jahr, Japan, Jasmin, jäten, Joch, Jubel, juchzen, Jude, Juni, Juli, Julchen, Jugend, Junge, Junker, Juwel.
Boje, Major, Benjamin, Maja, Maionäse, Vanille, Billard, Taille.

Das orthographische Zeichen 'CH' bezeichnet keine Lautverbindung von 'C' und 'H'. Es steht für den einheitlichen Reibelaut 'CH', der allerdings in zwei verschiedenen Formen vorkommt. Die Schreibweise 'CH' bezeichnet sowohl das palatale 'CH' ç wie in 'ich' als auch das velare 'CH' x wie in 'ach'. Beide Reibelaute werden orthographisch gleich geschrieben.

Das palatale 'CH' ç

Die Bildung des palatalen 'CH' ç, auch 'Ich-Laut' genannt, entspricht genau der des schon besprochenen J-Lautes, nur mit dem Unterschied, dass dieses 'CH' ç stimmlos ist. Der Gaumensegelverschluss ist hierbei vollständig. Dieses palatale 'CH' wird nach allen hellen Vokalen, dem 'Ä', 'E', 'I', 'Ö' und 'Ü' und nach den Diphthongen 'EI' und 'EU' gesprochen.

Die bei diesen Lauten auftretenden Fehler sind meist mundartlicher Natur. In der Schweiz tritt an seine Stelle der velare Reibelaut, auch 'Ach-Laut' genannt, und dieser wird weit hinten gesprochen. Aus 'echt' 'ɛçt wird 'ɛxt. In den rheinischen Mundarten ist grundsätzlich statt des palatalen 'CH' ç ein 'Sch' ʃ zu hören. Dort heißt es statt ɪç 'ɪʃ.

Beachten Sie bitte:

Die Nebensilbe '-ig' wird als 'ɪç' gesprochen, wenn sie am Ende eines Wortes steht oder wenn ein Konsonant folgt: ˈʀɪçtɪç', ˈʀɪçtɪçstə.

Eine Ausnahme entsteht nur, wenn sich an '-ig' die Nachsilbe '-lich' oder '-reich' anschließt: ˈkøːnɪglɪç, ˈkøːnɪgʀɑeç.

Folgt auf die Nachsilbe '-ig' ein Vokal, wird sie als 'ɪg' gesprochen: 'König' ˈkøːnɪç, aber 'Königin' ˈkøːnɪgɪn.

Übungen:

ç

Chemie, China, Chinin, Chirurg, Chinese, Chiton, Chitin.
riechen, rechnen, Becher, Richtung, richtig, röcheln, rächen, räuchern, reichen, rechts, Löcher, Töchter, tüchtig, euch, Tücher, Gerücht, Seuche, Eiche, Pech, mich, dich, sich.
Mädchen, Fächer, Söhnchen, Freundchen, Kätzchen, Herzchen.
Bäche, Fächer, mächtig, Männchen, Bällchen, Höschen, Blüschen.

Der velare Reibelaut 'CH' x

Bei dem velaren Reibelaut 'CH' x, auch 'Ach-Laut genannt, wölbt sich der Zungenrücken gegen den hinteren Teil des harten Gaumens. Die Zungenspitze liegt an der unteren Zahnreihe, und das Gaumensegel ist gehoben. Dieser Laut erscheint immer nach den dunklen Vokalen 'A', 'O' und 'U' und nach dem Diphthong 'AU'. Er ist trotz seiner rückwärtigen Lage möglichst weit vorn, nämlich am Ansatz des harten Gaumens, zu artikuliert. So entlasten Sie den weichen Gaumen und vermeiden gleichzeitig ein unschönes 'Schnarchgeräusch'.

Übungen:

x

Woche, Docht, Buche, fluchen, hoch, machen, Wache, rauchen, fauchen, tauchen, kochen, Kuchen, achten, krachen, doch, noch, Koch,

Loch, Bach, Dach, flach, Schach, Krach, Buch, Tuch, Fluch, Geruch, Bauch, Schlauch, Strauch, auch.

Unterscheiden Sie deutlich zwischen ç und x:

ç,x

ç		x	ç		x	ç		x
Licht	---	lacht	sicher	---	sacht	flüchten	---	Fluch
dich	---	Dach	flechten	---	flach	Scheich	---	Schach
ich	---	ach	Löcher	---	Loch	Teich	---	tauchen

ç		x		R	ç		x		R
Schicht	---	Schacht	---	scharrt	Wicht	---	Wucht	---	Wort
schlicht	---	Schlacht	---	Scharte	echt	---	acht	---	Art
Becher	---	Bach	---	Bart	nicht	---	Nacht	---	narrt
lächeln	---	lachen	---	Larve	dich	---	doch	---	dort

Geben Sie auch Acht bei der Lautverbindung x - R. Es darf weder der Reibelaut x schnarren, noch darf das 'R' verloren gehen:

xR

Fachrichtung, Dachrinne, Lachreiz, Buchrücken, Kochrezept, Bauchredner, Tuchreinigung, auch rechnen.

Beachten Sie auch die unterschiedliche Aussprache der Silbe '-ig':

ıç,ıg

ıç		ıg		ıç	ıç		ıg
König	---	Königin	---	Königsschloss	ewig	---	ewiglich
wenig	---	wenige	---	wenigstens	müßig	---	müßigen
selig	---	selige	---	seligste	traurig	---	traurige

Bilden Sie den Übergang von ç zu z leicht und ohne Zwischengeräusche:

çz

Ich sage, ich sehe, gleichsam, ich suche, Eichsamen, Bleichsucht, sich sehnen, dich sucht, mich sendet, euch sieht, Blechsäge.

Übungstexte:

Das Glück lässt sich nicht jagen von jedem Jägerlein.

Herr Jakob Jobst wünscht sich seit je
das junge Jettchen just zur Eh'.

Jeder Jüngling wünscht sich so zu lieben,
jedes Mädchen so geliebt zu sein. (Goethe)

Seines Fleißes darf sich jedermann rühmen. (Lessing)

Sprich, damit ich dich sehe. (Goethe)

Im Becher ersaufen mehr Leute als im Bach.

Der Absicht Niedrigkeit erniedrigt große Taten.

Dichten ist Gerichtstag halten über sich selbst. (Ibsen)

Nur selten wird eine Hochzeit gemacht,
es wird nicht dabei eine neue erdacht.

Unter Dach und Fach.

Mit Ach und Krach.

Einer acht's,
der andre verlacht's,
der dritte betracht's -
was macht's? (Inschrift am Rathaus zu Wernigerode)

Die Verschlusslaute B - P CD Nr. 19

b	weicher, bilabialer Verschlusslaut	Bär, Rabe	bɛːʀ, ˈʀɑːbə
p	harter, bilabialer Verschlusslaut	Pate, Trab	ˈpɑːtə, tʀɑːp

Es ist ein in allen mir bekannten Lehrbüchern der Sprecherziehung geübter Brauch, auch die Verschlusslaute in stimmhafte und stimmlose Laute einzuteilen. Das hat mit Sicherheit seine Berechtigung, birgt aber auch eine Gefahr in sich. Die Bildung eines Verschlusslautes geschieht in zwei Phasen, nämlich der Verschlussbildung, der Kompression, und der Verschlusssprengung, der Explosion. Bei dem Bestreben, den Laut stimmhaft zu bilden, geschieht es leicht, dass die Phonation bereits in die Kompression, also die erste Lautphase, gerät und dadurch jenes unangenehme Blähgeräusch entsteht, das sich etwa als 'əmˈbɛːʀ 'Bär' oder 'ənˈdeːɐ 'der' darstellt. Ich habe daher in der Unterrichtspraxis damit begonnen, nur von 'weichen' und von 'harten' Verschlusslauten zu sprechen. Die weichen sind 'B', 'D' und 'G', und die harten sind 'P', 'T' und 'K'.

Das 'B'

Das 'B' ist ein weicher Lippenverschlusslaut. Die Lippen sind geschlossen, ohne dabei aufeinander gepresst zu werden. Die Zungenspitze hat Kontakt mit den unteren Schneidezähnen. Der Kiefer ist leicht geöffnet. Das Gaumensegel ist geschlossen. Würde es geöffnet, ergäbe sich bei der Lautbildung ein 'M'.

Nach der ersten Lautphase, der Kompression, werden die Lippen in einer zweiten Lautphase weich geöffnet. So kann die erst jetzt einsetzende Phonation in den folgenden Vokal oder Liquiden einfließen. Die Phonation darf nicht vor der Lippenöffnung, also während der ersten Lautphase, der Kompression, erfolgen. Dies ist wesentlich und gilt für alle weichen Verschlusslaute, also auch für 'D' und 'G'.

Es sei an diese Stelle nochmals auf die Unart hingewiesen, die Nebensilbe '-ben' in '-bm' oder gar '-m' aufzulösen. Sprechen Sie die Nebensilbe 'ben' klar und deutlich als unbetonte Silbe aus. Beispiel: Es heißt 'geben' ˈgebən und nicht 'gebm' oder gar 'gem.

Beachten Sie bitte:

Im Auslaut eines Wortes oder Zusammensetzungsgliedes wird das 'B' hart. Dieser Vorgang heißt Auslautverhärtung.
Beispiele: ˈgebən' und 'giːp, ˈʀeːdən und 'ʀeːt, ˈleːgən und 'leːk.

Dies gilt analog für die beiden anderen weichen Verschlusslaute 'D' und 'G'.

Auch vor den Ableitungssilben '-lich', '-lein', '-ling', '-nis', '-bar', '-sam', '-sal' und '-sel' tritt diese Auslautverhärtung ein. Sie ist hier jedoch weniger energisch (lenis) und ohne Behauchung zu sprechen.
Beispiel: 'biegsam' ˈbiːkzaːm' und nicht ˈbiːksam.

Übungen:

b

Bombe, Bonn, Bund, Becken, bellen, Ball, Bass, Birke, binden, Bäcker, Böttcher, Beule, Beil, Bau, Beutel, Bein, Bauch.
Boden, Bohne, Bude, Bube, Beere, Bär, Bad, Bar, Biber, Biene, bedauern, behandeln, bezwingen, bezweifeln, bewerten, Besitz.
Plombe, Nimbus*, Jambus, Humbug, Hamburg, Limburg, Jumbo.

Seien Sie achtsam bei der Lautverbindung 'BL'. Es darf sich zwischen 'B' und dem darauffolgenden 'L' kein Zwischenlaut einschieben:

bl

Blond, Blume, blass, blenden, blind, blähen, blöken, blühen, blau, blasen, blinken, blaken, blamieren, blank, Blatt, Blei, Bluse, Blut, Blust, Blüte.

[1] Nimbus - lat. 'Regenwolke'(in der die Götter zur Erde fahren), 'Heiligenschein' (übertragen: 'Ansehen', 'Würde')

Das gleiche gilt auch für die Verbindung 'B' - 'R':

bʀ Brabant, brach, Brache, brachte, Brand, Brandung, braten, Bratsche, Bräu, Brauch, brauen, braun, brausen, brav, brechen, Brei, breit, Bremse, Brett, Brief, Brille, brodeln, Brosche, Brot, Brücke, Brühe, Brunnen, Brut.

Das 'P'

Die Bildung des harten Verschlusslautes 'P' erfolgt genauso wie beim weichen Verschlusslaut 'B', nur dass sowohl die Kompression als auch die Explosion etwas stärker sind. Dadurch ergibt sich eine leichte Behauchung des folgenden Lautes. Diese Behauchung ist bedeutsam, denn selbst bei energischer Verschlusssprengung bleibt der B-Charakter erhalten, wenn die Behauchung entfällt. Folgt auf das 'P' ein Reibelaut wie bei 'PF' oder 'PS', so geht die Behauchung in dem Reibelaut auf wie beispielsweise in dem Wort 'Pfau'.

Die Verdoppelung eines Verschlusslautes hat, wie auch bei allen anderen Konsonanten, rein orthographischen Wert. Die Verdoppelung zeigt an, dass der vorangehende Vokal kurz ist. Der Konsonant wird nur einmal gesprochen, auch wenn er zweimal geschrieben wird: 'Lippe' ˈlɪpə.

Dasselbe gilt, wenn in zusammengesetzten Wörtern oder an Wortgrenzen gleichartige Konsonanten aufeinander treffen. Wenn zwei Verschlusslaute der gleichen Lautgruppe, sogenannte 'Homorgane', aufeinander treffen, zum Beispiel 'B' und 'P', wird der Verschluss nur einmal, nämlich am Beginn der Lautgruppe, gebildet und am Ende gesprengt: 'Farbband' ˈfaʀp͜bant. Bei ungleichen, nicht-homorganen Verschlusslauten werden beim Zusammentreffen beide Laute behaucht. Es erfolgen auch zwei Verschlüsse: 'labt' 'laːpt , 'Akt' 'akt.

Differenzieren Sie also zwischen Homorganen und Heteroganen. Homorgane Lautverbindungen sind: b – p; d – t; g – k. Heterogane Lautverbindungen sind: p – t, und k – t. Achten Sie immer auf eine energische Bildung des P-Lautes. Sonst wird, wie im sächsischen Dialekt, aus einem 'Paulchen' ein 'Baulchen'.

Homorgane Verbindungen:

b	d	g
|	|	|
p	t	k

Heterogane Verbindungen:

p - t - k

Übungen:

p

Post, Posse, Polster, Putz, Pumpe, Pudding, Pest, Perle, Pendel, Paste, Panne, Park, Piste, Pilz, Pinsel, Pauke, Pein, Pöstchen.

Polen, Posen, pur, pusten, Pegel, Peter, Pisa, Pinie, Pater, Page, Pore, Pinte, Pute, Pech, Püffe, Pass.

Suppe, Puppe, Gruppe, Treppe, Schleppe, Joppe, Lappen, Klappe.

Achten Sie bei den folgenden Verbindungen 'PF', 'PS' und 'PR' darauf, dass Sie beide Konsonanten deutlich bilden. Es dürfen sich keine Zwischenlaute einschieben:

pf

Pfosten, Pfanne, Pfennig, Pfund, Pfiffe, Pfeile, Pflaume, Pflanze, Pfeife, Pfeffer, Pfarrer, Pfahl, Pfad, Pfalz, Pfau, Pfingsten, pflegen, Pflicht, Pflock.

ps,sp

Psalm, Psyche, Kasper, wispern, Lispeln, Knospe, knuspern, Psalter, räuspern, Hospital.

pR

Pranke, prall, Predigt, Preis, Primel, Probe, Prunk, Prügel, prägen, Praktik, Praline, prangen, prassen, Presse, Priester, Prinz, Produkt, Profil, Protest, prompt.

Durch die Auslautverhärtung wird 'B' zum 'P':

p

Lob, grob, gab, gib, Dieb, leb', Laub, Staub, grub, Bub, lobst, labst, lebst, liebst, trabst, übst, stobst, raubst.

Unterscheiden Sie deutlich zwischen 'B' und 'P':

b,p

b		p	b		p	b		p
Bohle	---	Pole	Bass	---	Pass	rauben	---	Raupen
bohren	---	Poren	Bein	---	Pein	haben	---	Happen
bellen	---	pellen	Brise	---	Prise	laben	---	Lappen
Bader	---	Pater	Ober	---	Oper	Gebäck	---	Gepäck

bl		pl	fl		pfl	f		pf
blau	---	Plauen	Flocken	---	Pflock	fasten	---	Pfosten
Blatt	---	platt	falls	---	Pfalz	fährt	---	Pferd
blanke	---	Planke	flau	---	Pflaume	Fund	---	Pfund
Blume	---	Plunder	flicht	---	Pflicht	faul	---	Pfau
Blagen	---	Plagen	Flug	---	Pflug	Feile	---	Pfeile

Übungstexte:

In Bausch und Bogen; Blau blüht ein Blümelein.

Der Bauch ist ein böser Ratgeber.

Beim Brauen und Backen haben die Frauen den Teufel im Nacken.

Borgen ist viel besser nicht als Betteln. (Lessing)

Betrogene Betrüger.

Wenn die Angst blass ist, braucht sie Blut. (Lec)

Man bedenke, dass in demselben Feuer,
das Prometheus den Göttern gestohlen hat,
Giordano Bruno verbrannt wurde. (Lec)

Besser eigenes Brot als fremden Braten.

Auch der beste Gaul stolpert einmal.

Der Geiz und der Bettelsack sind bodenlos.

Wenn man die Gerechtigkeit biegt, bricht sie.

Mit Pauken und Trompeten.

Prächtige Pflanzen prangen an den Pforten des Parks.

Der Potsdamer Postkutscher putzt den Potsdamer Postkutschkasten.

Böse Beispiele verderben gute Sitten.

Borgt der Wirt nicht, borgt die Wirtin, und am Ende borgt die Magd. (Goethe)

Das eben ist der Fluch der bösen Tat, dass sie
fortzeugend immer Böses muss gebären. (Schiller)

Die Eine lacht bis zum letzten Backenzahn,
die Andre bloß bis zur ersten Plombe. (Lindau)

Nun hebt sich der Schenkel, nun wackelt das Bein,
Gebärden da gibt es vertrackte;
dann klippert's und klappert's mitunter hinein,
als schlüg' man die Hölzlein zum Takte. (Goethe,Totentanz)

Mir wird bei meinem kritischen Bestreben
doch oft um Kopf und Busen bang (Goethe)

Nun dappelt's und rappelt's und klappert's im Saal
von Bänken und Stühlen und Tischen.
Da will nun ein jeder am festlichen Mahl
sich neben dem Liebchen erfrischen. (Goethe, Hochzeitslied)

Die Verschlusslaute D - T CD Nr. 20

d	weicher, alveolarer Verschlusslaut	Dank, Rede	daŋk, ˈʀeːdə
t	harter, alveolarer Verschlusslaut	teilen, Rad	ˈtaelən, ʀaːt

Das 'D'

Bei dem weichen Verschlusslaut 'D' liegt der Vorderrand der Zunge an den Alveolen der oberen Zahnreihe an und schließt so den Mundraum ab. Die Zungenspitze darf nicht zum Gaumen hin eingerollt werden. Das Gaumensegel ist geschlossen. Bei geöffnetem Gaumensegel ergäbe sich in gleicher Zungen- und Kieferstellung ein 'N'. Es gelten beim 'D' die gleichen Hinweise, wie ich Sie bereits beim 'B' und 'P' gegeben habe.

Das 'T'

Der harte Verschlusslaut 'T' wird genauso gebildet wie der weiche Verschlusslaut 'D', Hier gelten die gleichen Hinweise, die ich für das 'P' und 'B' gelten. Achten Sie darauf, dass die Behauchung nicht den nachfolgenden Laut überdeckt.

Übungen:

d

Don, doppelt, Duft, dem, denn, deftig, dann, das, Dirne, Dill, dörren, Dürre, Daumen, Däumling, Dom, Donau, Dusel, du, Dame, Danzig, Datum, Degen, dehnen, Diener, dir, düster, dösig, Dämon, dein, Dauer, deutsch, denken, danken, Dünger, dunkel, dumm.
Mode, Soda, Sudan, Schaden, scheiden, reden, Leder, jeder, Faden, finden, blenden, schänden, runden, Stunden, plaudern, schleudern.

d

Ton, Tonne, Tee, Tal, Tanne, Tube, Tusche, Tier, Tisch, Tenne, Teil, teuer, tausend, töricht, türkisch, tändeln, Teer.

Gott, Gote, Bett, bete, Rat, Ratte, Glut, Mutter, flieht, Flitter, Meute, heute, Leute, Raute, Flaute, schaute, Lotte, Latte, litt, Lette, Leiter, leiten, gleiten, schreiten.

Beachten Sie bitte, dass auslautendes 'D' durch Auslautverhärtung zu 'T' wird:

	t		t	t		t	t		t
t	Rat	---	Rad	kämmt	---	Hemd	meint	---	Maid
	hält	---	Held	fährt	---	Pferd	leiht	---	Leid
	tot	---	Tod	seit	---	seid	litt	---	Lied

Sprechen Sie die Auslautverhärtung bei stimmhaft anlautenden Endsilben weniger energisch und damit weicher (lenis):

t	endlich	Liedlein	sittsam	Schädling
	schändlich	Rädlein	duldsam	Fremdling
	feindlich	Maidlein	kleidsam	Findling

Unterscheiden Sie deutlich zwischen 'D' und 'T':

	d		t	d		t
d,t	Dusche	---	Tusche	Marder	---	Marter
	Dorf	---	Torf	Weide	---	Weite
	Deich	---	Teich	Seide	---	Seite
	Dank	---	Tank	Ende	---	Ente
	der	---	Teer	müde	---	mühte
	dir	---	Tier	Köder	---	Köter

Übungstexte:

Donner und Doria. (Schiller, Fiesco)

Die Daumen drehen.

Tischlein deck' dich.

Die tote Tante. (Kurt Götz, Die tote Tante)

Ich habe eine gute Tat getan. Schiller, (Wallenstein)

Das Tun interessiert, das Getane nicht. (Goethe)

Den Dank, Dame, begehr' ich nicht. (Schiller, Handschuh)

Tadeln können zwar die Toren, aber klüger handeln nicht.

Tabak ist ein edles Kraut, ob man's raucht, schnupft oder kaut.

Wenn mit Talern geläutet wird, öffnen sich alle Türen.

Zu vieles Loben macht dem, der edel denkt, den Lober zuwider. (Schiller)

Das bessere Teil der Tapferkeit ist Vorsicht. (Shakespeare)

Zum Werke, das wir ernst bereiten,
geziemt sich wohl ein ernstes Wort. (Schiller, Glocke)

Zum Teufel erst das Instrument!
Zum Teufel hinterdrein den Sänger. (Goethe, Faust I)

Mir wird von alle dem so dumm,
als ging mir ein Mühlrad im Kopf herum. (Goethe, Faust I)

Tu nur das Rechte in deinen Sachen;
das andre wird sich von selber machen. (Goethe)

Ich habe schon so viel für dich getan,
dass mir zu tun fast nichts mehr übrig bleibt. (Goethe)

Teuer ist mir der Freund,
doch auch den Feind kann ich nützen;
zeigt mir der Freund, was ich kann,
lehrt mich der Feind, was ich soll. (Schiller)

Thät'st du zur rechten Zeit dich regen,
hätt'st du's bequemer haben mögen.
Wer geringe Dinge wenig acht't,
sich um geringere Mühe macht. (Goethe)

Der du von dem Himmel bist,
alles Leid und Schmerzen stillest,
den, der doppelt elend ist,
doppelt mit Erquickung füllest,
ach, ich bin des Treibens müde!
Was soll all der Schmerz und Lust?
Süßer Friede, komm, ach komm in meine Brust! (Goethe, Wanderers Nachtlieder)

Die Verschlusslaute G - K CD Nr. 21

g	weicher, velarer Verschlusslaut	geben, Gebirge	ˈgeːbən, gəˈbɪʁgə
k	harter, velarer Verschlusslaut	Kind, Akt, Weg	kɪnt, ɑkt, veːk

Das 'G'

Das 'G' ist ein weicher Gaumenverschlusslaut. Zu seiner Bildung hebt sich der Zungenrücken gegen den Gaumen und bildet hier den Mundverschluss. Die Artikulationsstelle ändert sich je nach den davor oder dahinter liegenden Vokalen. Bei den hellen Vokalen ist sie weiter vorn, bei den dunklen weiter hinten. Dabei sollte sie immer so weit als möglich nach vorn zum harten Gaumen hin tendieren. Die Zungenspitze hat Kontakt mit der unteren Zahnreihe, und die Ränder der Hinterzunge bilden einen Verschluss mit den oberen Mahlzähnen. Das Gaumensegel ist, wie bei allen Verschlusslauten, geschlossen. Sonst ergäbe sich bei gleicher Zungen- und Kieferstellung ein ŋ.

Im Mitteldeutschen ist es üblich, das 'G' zum palatalen 'J' hin auszusprechen. Dann heißt es 'Jans' statt 'Gans'. Dies ist zu vermeiden. Ein weiterer Aussprachefehler ist es, wenn das 'I' in der Mittelsilbe apostrophiert ist und aus dem darauf folgenden 'G' ein 'J' wird: Es heißt 'ew'ge' und nicht 'ewje'.

Es ist auch falsch, das auslautende 'G' in den stimmlosen palatalen Reibelaut ç aufzulösen statt es wie bei 'B' und 'D' zu verhärten. Dann wird fälschlich aus einem 'Weg' ein 'Wech'. Dies berührt natürlich nicht die an früherer Stelle besprochene Regelung der Silbe '-ig'.

Ein weiterer üblicher Fehler ist es, die Nebensilbe '-gen' abzuschleifen, so dass aus ˈleːgən ein ˈleːgŋ oder gar ˈleːŋ wird.

Im Übrigen gelten sinngemäß auch für 'G' und 'K' die Aussprache-Regeln, die bei den Verschlusslauten 'B', 'P', 'D' und 'T' dargestellt sind.

Übungen:

g	Gondel, Gospel, Gunst, Gummi, gelb, Geld, Gitter, girren, Gast, Gasse, gönnen, Göttin, Gauner, Gaul, Golem, Gotha, Gut, Gulden, geben, gib, Gier, Gabel, Gabe, Güte, gähnen, mögen, lügen, laugen, Dogge, Flagge, Roggen, Neger, Bagger, Gemurmel, Gemüt, Geschäft, Geschirr, genau, gemach, gemein.

Achten Sie bitte darauf, dass sich zwischen 'GL' und 'GR' kein Gleitlaut einschiebt:

gl	Glas, Glanz, Globus, Glaube, Glast, glätten, glühen, glimmen, Glück, gleich, gleiten, Gletscher, glitzern, Glocke, Glut.
gʀ	Gracht, Graben, Grimm, Grippe, groß, Grotte, grübeln, grün, Graf, Gral, Gram, Gras, Greis, grell, Grieß, Groll, Gruft.

Bitte unterscheiden Sie genau, wann im Auslaut g - t und wann ç - t bzw. x - t zu sprechen ist:

k - t	x - t	k	ç - t oder. x - t
die Jagd	die Yacht	der Flug	die Flucht
die Magd	die Macht	der Bug	die Bucht
er sagt	ganz sacht	der Teig	er weicht

das 'K'

Der harte Verschlusslaut 'K' entspricht in seiner Bildung dem weichen Verschlusslaut 'G'. Im übrigen gelten für die Aussprache die gleichen Regeln wie bei 'B' und 'P' und 'D' und 'T'.

Die Schreibweise 'Qu' bezeichnet eine Verbindung des 'K' mit dem 'W'. Bei dieser Lautfolge ist darauf zu achten, dass sich zwischen die beiden Konsonanten kein vokalischer Gleitlaut einschiebt und es fälschlich 'kaˈvɛelə' heißt statt richtig ˈkvɛlə.

Die Schreibweise 'X' bezeichnet eine weitere Lautverbindung mit 'K'. 'KS' wird meist als 'X' geschrieben.

Eine Besonderheit stellt die Schreibweise 'CHS' dar. Die Aussprache der Schreibweise 'CHS' ist bei 'S' näher erläutert. Es sei nochmals an dieser Stelle daran erinnert, dass 'CHS' nur dann als 'KS' gesprochen wird, wenn die drei Buchstaben im Wortauslaut zusammengehören. Es heißt also 'Lachs' 'laks, 'Dachs' 'daks, 'Wachs' 'vaks. Anders ist es, wenn ein 'S' zu einem anderen Wortstamm gehört: 'höchstens' heißt ˈhøːçstəns und nicht ˈhøːkstəns, da der Wortstamm 'hoch' ist. Entsprechend ist es bei 'nächstens' ˈnɛːçstəns und nicht ˈnɛːkstəns, da der Wortstamm 'nach' ist.

'G' wird im Auslaut durch Auslautverhärtung 'K'. Auch im Wortinneren wird es als 'K', also hart, gesprochen, wenn es mit einem harten Verschlusslaut zusammenkommt: 'Magd' ˈmaːkt und 'liegt' ˈliːkt'.

Übungen:

k

Koffer, kosten, Kutte, Kummer, Kanne, kalt, kennen, Keller, Kiste, Kimme, können, kämmen, kümmern, Keil, Keule, Kauz, Kind, Kälte.
Kohle, kosen, Kuh, Kufe, kahl, kam, Kehle, kehren, Kiefer, Kiesel, Käfer, Küfer, Köhler, kaufen, keifen, keusch.

Achten Sie bitte darauf, dass sich zwischen 'KL', 'KN' oder 'KW' kein Gleitlaut einschiebt:

kl

Kleid, Klasse, kleben, klauen, Klumpen, klettern, klingeln, klaffen, Klafter, Klammer, Klang, Klappe, klar, Klause, klein, Kleister, Klinge, Klinke, klirren, klopfen, Kloster, Klub, Kluft.

kn Knödel, Knabe, knebeln, kneifen, Knorpel, Knoten, Knüller, Knall, Knappe, Knast, Knauf, Knäuel, Knecht, kneten, Knie, Knirps, knirschen, Knoblauch, Knöchel, Knödel, Knolle, knüpfen, knurren.

kv Qualle, Quelle, Qualm, Quark, quer, Quirl, Quitte, Quiz, Quader, Qualen, Quadrat, Quartier, Quarts, Quaste, Quatsch, quetschen, quick, Quinte, Quarte, Quittung.

Sprechen Sie 'G' auch im Wortinneren hart, wenn ein harter Verschlusslaut folgt:

k Wogt, bogt, wagt, sagt, fragt, zagt, legt, lügt, beugt, zeugt.

Sprechen Sie die Verhärtung 'lenis', wenn eine stimmhaft anlautende Endsilbe folgt: Sprengen Sie das 'K' dabei nicht:

k	möglich	folgsam	Feigling	Züglein
	fraglich	biegsam	Zögling	Krüglein
	tauglich	fügsam	Pflegling	Vöglein

Unterscheiden Sie genau zwischen 'G' und 'K':

	g		k	g		k
g,k	Glauben	---	klauben	fliegen	---	flicken
	Greis	---	Kreis	pflügen	---	pflücken
	Geck	---	keck	Lüge	---	Lücke
	Gras	---	krass	Rügen	---	Rücken
	Gunst	---	Kunst	zagen	---	Zacken
	Gasse	---	Kasse	Säge	---	Säcke

Achten Sie auch bei den verschiedenen Verbindungen zwischen 'F', 'W' und 'KW' auf genaue Unterscheidungen:

v	f	kv	k	kv	v	kv
Welle ---	Felle ---	Quelle	Kasten ---	Quasten	Warze ---	Quarze
walle ---	Falle ---	Qualle	Kelle ---	Quelle	bei wem ---	bequem
Winde ---	finde ---	Quinte	Kind ---	Quint	warten ---	Quarten

Achten Sie bei Häufungen der Verschlusslaute auf eine exakte Artikulation:

ktp

ktp

Backt Plätzchen, pflegt Patienten, lügt prächtig, fliegt plötzlich, pflückt Pflaumen, weckt pünktlich, neckt Pudel, schleckt Pudding.

ptg

ptg

lebt gern, webt Garn, siebt Gerste, labt Gäste, lobt Gott, schabt Gurken, raubt Gänse, liebt Günter, habt Geld.

ktk

ktk

pflückt Kirschen, backt Kuchen, pflegt Kranke, fliegt Kurven, zeigt Karten, tragt Koffer, schickt Kinder, legt Kränze, nagt Karotten.

Übungstexte:

Gleich und gleich gesellt sich gern.

Bei großem Gewinn ist großer Betrug.

Es ist nicht alles Gold, was glänzt.

Greif schnell zum Augenblick, nur die Gegenwart ist dein.

Wer Glück hat, dem kälbert der Ochs.

Wer sich nach der Decke streckt, dem bleiben die Füße unbedeckt.

Wer dem Kinde die Nase wischt, küsst der Mutter die Backen.

Jede Glocke hat ihren Klöppel.

Gib acht, dass du nicht zufällig unter das Glücksrad eines Anderen gerätst. (Lec)

Stünde bei uns die Kunst der Konversation höher,
hätten wir keinen so hohen Bevölkerungszuwachs. (Lec)

Immer wird es Eskimos geben, die den Eingeborenen von Belgisch-Kongo Verhaltensmaßregeln für die Zeit der großen Hitze geben werden. (Lec)

"Aus einem Kreuz könnte man zwei Galgen machen" -
sagte geringschätzig der Fachmann.

Ein einziger dankbarer Gedanke gen Himmel
ist das vollkommenste Gebet. (Lessing)

Gebt dem Kaiser, was des Kaisers ist, und Gott, was Gottes ist. (Matthäus)

Für Görgen ist mir gar nicht bange,
der kommt gewiss durch seine Dummheit fort. (Gellert)

Mir ekelt vor diesem tintenklecksenden Säculum. (Schiller, Räuber)
Nur was wir selber glauben, glaubt man uns.

Im Leben gilt der Stärke Recht,
dem Schwachen trotzt der Kühne,
wer nicht gebieten kann, ist Knecht. (Goethe)

So tauml' ich von Begierde zu Genuss,
und im Genuss verschmacht' ich nach Begierde. (Goethe)

Die Kirche hat einen guten Magen,
hat ganze Länder aufgefressen,
und doch noch nie sich übergessen;
die Kirch' allein, meine lieben Frauen,
kann ungerechtes Gut verdauen. (Goethe, Faust I)

Kannst dem Schicksal widerstehen,
aber manchmal gibt es Schläge;
will's nicht aus dem Wege gehen,
ei! So geh' du aus dem Wege! (Goethe)

Viel Klagen hör' ich oft erheben
vom Hochmut, den der Große übt.
Der großen Hochmut wird sich geben,
wenn unsre Kriecherei sich gibt. (Bürger)

Nachwort

Ich erinnere mich lebhaft an den Tag, als ich meine Führerscheinprüfung ablegte. Nach der bestandenen Prüfung überreichte mir mein Fahrlehrer meinen Führerschein mit den mahnenden Worten: "Das heißt nun nicht, dass Sie Auto fahren können, sondern dass Sie nun allein weiter üben dürfen." Diesen Satz habe ich oft meinen Schülern gesagt, wenn wir einen Sprachkurs beendet hatten, und ich setze ihn auch ans Ende dieses Praxisbuches.

Sprechen besteht aus vielen kostbaren Einzelheiten. Diese dürfen nun nach und nach Ihr Eigen werden, damit Ihre Sprache natürlich klingt und nicht gestelzt. Mit dem regelmäßigen Üben kommt die Leichtigkeit.

Dann klingt auch Ihre Stimme gut und bleibt selbst bei längerem Sprechen klar und sicher. Sie werden als Belohnung die wohltuende Wirkung in vielen Bereichen Ihres Lebens spüren. Ihr Stimmvolumen und die Kraft Ihrer Sprache werden deutlich größer sein.

Möge dieses Buch Sie auf diesem Weg begleiten und Ihnen viel Freude bereiten!

Coburg, 24. Mai 2005
Werner Mönch-la Dous

Nachwort des Verlags

Kunden unserer Hamburger Buchhandlung suchten verzweifelt nach Exemplaren von Werner Mönch-la Dous „Gesunde Stimme, kraftvolle Sprache", einem, wenn nicht sogar dem Standardwerk im Sprechunterricht, das vor allem in der Ausbildung zur Schauspielerin und zum Schauspieler zum Einsatz kommt und beim ursprünglichen Verlag nicht mehr lieferbar ist. Über den Kontakt zu Frau von Scheurl-Defersdorf konnten wir schnell und unbürokratisch einen Modus finden, dieses unserer Meinung nach wichtige Buch auch zukünftig lieferbar zu halten.

Werner Mönch-la Dous: Ziel des Buches

War in früheren Ausgaben noch eine Audio-CD enthalten, wurde dieses Add-on dem angepasst, wie heute Audio-Medien überwiegend konsumiert werden. Die von Herrn Mönch-la Dous vor vielen Jahren eingesprochenen Hörbeispiele stehen als mp3-Datei zum Download zur Verfügung und können mittels QR-Code im jeweiligen Kapitel direkt abgerufen werden. Das umständliche Positionieren auf den entsprechenden Track der Audio-CD entfällt, ganz davon abgesehen, dass es mittlerweile wahrscheinlich deutlich mehr Smartphones als CD-Player geben dürfte.
Ergänzt werden die Hörbeispiele durch eine kurze Zusammenfassung von Werner Mönch la-Dous, was das Ziel dieses Buchs ist, und eine längere Textpassage – die Ringparabel aus „Nathan der Weise" von Gotthold Ephraim Lessing.

Werner Mönch-la Dous: Ringparabel aus „Nathan der Weise"

Wir wünschen allen Leserinnen und Lesern viel Erfolg mit diesem Buch!

Berlin, 23. Januar 2023

Lehmanns Media GmbH